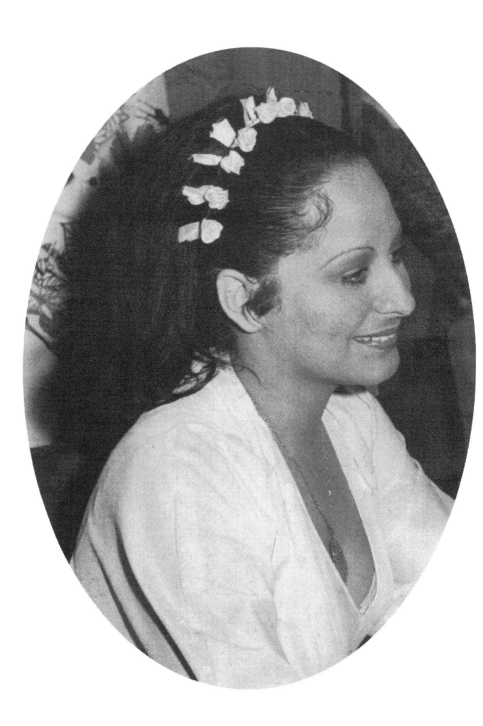

BEATRIZ MÁRQUEZ
LA MUSICALÍSIMA
Un viaje de memorias

UNOSOTROS
MÚSICA

Jaime Masó Torres

© 2023, Jaime Masó Torres

© 2023, UnosOtrosEdiciones

Título: Beatriz Márquez. La musicalísima. Un viaje de memorias

ISBN 978-1-950424-54-2

Edición: Dulce M. Sotolongo Carrington
Corrección: Rayman Vega
Diagramación: Armando Nuviola

Las fotos son cortesía del Archivo familiar

© Jaime Masó Torres, 2023

Hecho en Estados Unidos de América, 2023

NOTA DEL AUTOR

La obra de Beatriz no ha terminado, por lo que este libro no es una biografía, ni pretende serlo. Más de medio siglo de carrera es mucho tiempo. Se tiende a cambiar fechas, a tergiversar acontecimientos; se olvida lo esencial y la memoria nos juega una mala pasada. Antes que eso suceda, mejor dejamos constancia de casi todo su trayecto. Y digo casi porque seguirle la pista a una intérprete así es tarea difícil.

Estos «apuntes» realmente son pretextos para disfrutar todo el talento de una artista que a inicios de su carrera perdió el nombre para ser, espontánea y dignamènte: La Musicalísima.

ÍNDICE

TENGO UN PÚBLICO QUE ME SIGUE Y QUIERE

ALGUNAS CONSIDERACIONES

ANEXOS

A Felipe Morfa, por todo

AGRADECIMIENTOS

Sin la ayuda del realizador audiovisual Felipe Morfa, admirador y celoso guardián de la obra de Beatriz Márquez, no hubiese sido posible agrupar y corregir estos apuntes. A él nuestra más profunda gratitud.

Gracias…

A René Márquez Castro por sus datos y remembranzas…

A cada una de las personalidades que ofrecieron sus testimonios y valoraciones.

A UnosOtrosEdiciones por abrirnos sus puertas

A la editora Dulce María Sotolongo por la dedicación.

A los especialistas de la Biblioteca Nacional de Cuba José Martí.

A trabajadores del Museo Nacional de la Música y del Centro de Investigación y Desarrollo de la Música Cubana.

A los colegas de Habana Radio y Radio Metropolitana.

A Rosa Marquetti por la ayuda constante.

Acaso

Quizás fuera posible
recuperar un eco palmario de la noche
si en algún callejón
de la ciudad ausente estallara la brisa
si esperara a la vuelta de cada nueva esquina
el tacto de tu sombra
si una radio quisiera retener en el dial
la voz de Beatriz
y las notas del piano.

GILDA GUIMERAS PAREJA

Caricatura Beatriz Márquez
Cortesía del artista Esteban Isnardi

PRÓLOGO

Beatriz: más allá de lentejuelas

Por suerte para las letras cubanas, últimamente se ha puesto de moda la publicación de bibliografía sobre la vida y obra de músicos de Cuba, lo cual ha venido a enriquecer nuestro patrimonio cultural y a ofrecer a las presentes y futuras generaciones todo un arsenal para acompañar la discografía, testimonio gráfico y el legado en general de figuras relevantes de la música cubana.

Desde épocas muy tempranas los principales investigadores se preocuparon por el estudio de nuestras raíces musicales. Sería imprescindible mencionar a escritores de la talla de Fernando Ortiz y sus trabajos sobre la africanía en la música popular cubana. También los más altos exponentes de la literatura cubana como Alejo Carpentier y Nicolás Guillén dedicaron gran parte de su obra a este agradecido empeño.

Los musicólogos después de muchos años y esfuerzos han logrado condensar gran parte de la vida y obra de nuestros artistas en artículos, ensayos y gracias a ello hoy contamos con los diccionarios de Helio Orovio, Radamés Giro, Zenovio Hernández Pavón, y el descomunal esfuerzo de un Cristóbal Díaz Ayala y Rosa Marquetti para con oficio de hormiga atesorar nuestra amplia discografía.

Como editora y lectora reconozco la preferencia del lector común por los testimonios biográficos y las entrevistas. Los artistas cubanos no son asediados por paparazis, compran sus productos y vestuarios en las mismas tiendas y en muchas ocasiones hasta comparten con nosotros el transporte público.

Beatriz Márquez ha logrado a través del tiempo mantenerse incólume a los contratiempos del destino. Como buena isleña ha soportado ciclones, huracanes, y hasta algún que otro terremoto pero como Cuba, su país natal siempre ha salido a flote con la mejor de la sonrisas y con un físico envidiable que dotado de sus ojos esmeraldas y de una voz única que resume en sí lo mejor de nuestra cancionista, ha sido más que brújula puerto seguro para todos los que aman la música cubana y la han defendido desde cualquier rincón del mundo.

El poeta Homero llamó a sus dioses griegos con los epítetos más originales y que resumían sus atributos, Beatriz es la Musicalísima, no hay más nada que opinar.

Hoy UnosOtrosEdiciones se une al homenaje por sus setenta años de vida y publica esta excelente monografía del joven periodista, amante de nuestro patrimonio artístico, Jaime Masó Torres, quien nos propone un viaje por la memoria, yo diría que mucho más: conocer «espontáneamente» a esta mujer maravilla que nunca ha sido diva como lo demuestra la siguiente afirmación del director de programas de la televisión cubana José Ramón Artigas:

> Los jóvenes de aquella generación no soñábamos con marcas. Por eso cuando hablamos de Beatriz nos referimos a un paradigma artístico de este país. Ella está en el parnaso de las grandes intérpretes donde está la señora Esther Borja, Miriam Ramos… Este tipo de cantantes necesita actos de justicia, de respeto y por qué no, de veneración.

Es parte de un pueblo que la sabe suya y la admira y respeta más allá de las lentejuelas. Por eso seguiremos juntos hasta conquistar esa inmensa dicha que todos le llaman la felicidad.

DULCE M. SOTOLONGO CARRINGTON

RAÍCES

La Habana, ciudad de encuentros

Iniciando la tercera década del siglo veinte, la pareja de españoles Mercedes Sánchez y Manuel Castro llegan otra vez a La Habana. Durante la primera estancia en la isla nacieron sus hijos Gloria, Teresa y Rafael y todo indica que a pesar de las carencias pudieron establecerse definitivamente en la mayor de las Antillas.

Más allá, exactamente en la región central de Cuba, el joven René Márquez Rojo —nacido el 9 de septiembre de 1914 en Caibarién— mantiene el ímpetu de crecer musicalmente. Ante la ausencia del padre Ramón todo el peso de la familia cae en su madre Cira, una mujer extrovertida, amante del periodismo y apasionada de la obra martiana. Cuentan que a los catorce años Desiderio Rojo, Yeyo y Aurora Márquez deciden llevarse a René hasta Cascorro, Camagüey, donde aprende algunas nociones de guitarra.[1]

De regreso a Remedios, donde se instala la familia, René debuta con la orquesta Cervantes en 1930 y dos años más tarde actúa junto con Juan Bruno Tarraza y Ballin Domenech en una emisora radial de Caibarién. Sobre sus comienzos dirá para el Diario de la tarde:

> Ya un mozuelo me trasladé para Remedios, villa en que residí mucho tiempo. Allí conocí a la profesora Angélica Domenech, que fue la que me presentó a Facundo Rivero, pianista acompañante, cuando debuté para la CMHD de Caibarién. Aquel mismo día resulté contratado para actuar en la emisora por siete meses.[2]

---

[1] Testimonio ofrecido por Ida Rojo, prima de René Márquez.
[2] «Candilejas por Luciérnaga». *Diario de la tarde*, 9 de marzo de 1965. Museo Nacional de la Música.

El joven René Márquez. Archivo familiar

A pesar de sobrevivir como mecánico dental —oficio que también realiza su hermano Ulises Márquez— René toma la decisión de embarcarse rumbo a La Habana apasionado por el arte. A la capital llega en 1937 y después de innumerables tropiezos se integra a la Orquesta Paulín, charanga que dirige el violinista Cristóbal Paulín. También trabaja con las orquestas de Bouffartique; la de Paulina Álvarez; Arcaño; Neno González; Cheo Belén Puig y Siglo Veinte. Un año después ingresa en la Casino Nacional con la que actúa durante cinco años.[3]

La populosa y soñada urbe aguarda para él un sinfín de emociones.

Después de su segundo retorno a Cuba muere el español Manuel Castro quien ganó notoriedad por sus trabajos en la construcción. Como es de suponer recae sobre las espaldas de su viuda Mercedes

---

[3] *Ibidem.*

Sánchez todas las obligaciones del hogar y crianza de los hijos: a las niñas, por ejemplo, enseñará la «magia» de la cocina, la costura y otras «normas» apropiadas para la época.

Gloria, una de las muchachas, visita con frecuencia el Centro Asturiano de La Habana donde coincide en repetidas ocasiones con el músico René Márquez hasta comenzar un noviazgo que al inicio no aprobará doña Mercedes, fuertemente dominada por prejuicios raciales.

En una vieja libreta de apuntes familiares[4] se deja constancia del amor entre Ludivina Gloria Castro y Sánchez y René Idalberto Márquez Rojo quienes comprometieron su cariño ante Dios y los hombres el 10 de septiembre de 1941 para permanecer juntos más de cuatro décadas.

La pareja, instalada después en un apartamento de la calle San Nicolás en el municipio Centro Habana, recibe a su primogénito el 3 de mayo de 1943, René Alejandro de la Cruz Márquez y Castro quien al evocar su infancia comenta:

> No se me olvidará jamás ver a mi papá levantarse temprano y llevarle a mi mamá el café a la cama. O su libreta de apuntes en la mesita de noche donde escribía todas las tareas que tenía que hacer en el día. Era un hombre libre de prejuicios y se ponía a ayudar en la casa. Cuando venía del cabaret por la madrugada, siempre traía algo para la comida.

Esporádicamente, Renecito y su papá salen a comprar algunos materiales de trabajo, recorren juntos centros culturales y emisoras de la capital. En Radio Cadena Habana, por ejemplo, conocen a algunos integrantes de la Sonora Matancera como Celia Cruz y Laíto Sureda y en la casa reciben a músicos de reconocido prestigio como Julio Cueva.

Con la esperanza de seguir los caminos de su progenitor, René Márquez Jr. estudia Teoría de la Música y Solfeo en el Conservatorio Municipal de La Habana, durante el período 1955-1956 y 1958-1959. Pero las transformaciones políticas y sociales del país interrumpen su camino en la música.

[4.] Libreta de apuntes familiares. archivo personal de Beatriz Márquez.

En 1952 algunos acontecimientos marcan el panorama artístico cubano, desde la inauguración en Cuba del Canal 2 (Telemundo) hasta el teatro Rodi, conocido después como Mella. El dúo de Celina González y Reutilio Domínguez canta en Nueva York donde también se presenta Benny Moré. De España vienen Lola Flores, el actor Roberto Rey, entre otros conocidos artistas de la época.[5]

Gloria Castro y René Márquez, 20 de julio de 1941. Archivo familiar

Para entonces los Márquez-Castro esperan a otro miembro y en la búsqueda de mejores condiciones para la familia se instalan en la casa de la calle Libertad número 52, en el barrio habanero de Mantilla en Arroyo Naranjo. En la clínica conocida como La Castellana llega

5. Fajardo Estrada, Ramón, *Rita Montaner, testimonio de una época*. Ed. Oriente, 2018, p. 229 y 230.

al mundo el 17 de febrero de 1952 Lázara Beatriz Márquez Castro, iniciándose con ella una historia puramente musical.

Beatriz Márquez con cuatro meses de nacida, junio de 1952. Archivo familiar

Influencias sonoras desde el hogar

Con bastante esfuerzo René Márquez logra construir una casa más cómoda y amplia en la calle Anita, número 236, entre Magón y Celia en el mismo reparto habanero de Mantilla. El hogar se convierte en una especie de «cuartel general» para las travesuras de Beatriz como bien evoca su hermano:

> Un día cuando se va la corriente mi papá va a encender el quinqué de la casa y Beatriz que estaba cerca le dice: "Papi, cómo quieres que el quinqué alumbre si no tiene luz brillante". Acto seguido, en un papelito el viejo escribió la guaracha «El Quinqué» y cuando se hizo famoso aquel tema hasta se ofreció un baile en el Liceo de Mantilla con el mismo nombre de la canción.[6]

Es frecuente ver en la casa de los Márquez-Castro a artistas de gran popularidad como el habanero Ignacio Piñeiro, creador del

---

[6.] René Márquez Castro. Testimonio ofrecido al autor.

Septeto Nacional y uno de los exponentes más relevantes del son cubano; el ya mencionado trompetista, compositor y director de orquesta Julio Cueva, el relevante René Touzet o el cantante Manuel Licea, Puntillita descargando durante horas entre las llamadas bebidas «espirituosas» y boleros «sangrientos» de décadas anteriores.

Desde temprana edad Beatriz aprende a tocar el piano y también participa en aquellos encuentros acompañando a su padre quien con sagacidad y una especie de clarividencia musical descubre en ella aptitudes suficientes como para presentarla a los exámenes del Conservatorio Municipal de La Habana. La guía paterna será esencial en su evolución artística. Así lo reconocería ella misma frente a la prensa años después.

> Una de las cosas que siempre me gusta reconocer en mi formación es haber crecido al lado de mi padre, René Márquez, que, al ver mis aptitudes, mis condiciones naturales para la música, se preocupó por llevarme a estudiar. Eso fue un factor muy importante en mi desarrollo como cantante y como músico.[7]

Beatriz con sus padres

[7.] Revista *Muchacha*, julio de 1983.

PRIMEROS ESTUDIOS Y DESPEGUE ARTÍSTICO

Oído absoluto

Tiene ocho años Beatriz en 1960 cuando pone sus pies en el entonces Conservatorio Municipal de La Habana y donde recibe las mejores instrucciones musicales que, al decir el periodista Bladimir Zamora, «se convirtieron en un valioso apoyo para su temprana vocación de cantar».[8] En el centro coincide con Sara González, Lucía Huergo, Lizette Vila… a la postre creadoras de respetada labor. En las prácticas de conjunto Beatriz toca la flauta recorder y avanza en el estudio de otros instrumentos.

> Coincidíamos en el ambiente general del Conservatorio Municipal de La Habana, hoy Amadeo Roldán, y después muy jovencita en la televisión cubana. Con 17 años yo empiezo en ediciones musicales de la televisión y ahí comienzan las grabaciones de Beatriz. Su Espontáneamente que fue una cosa extraordinaria, nos llegó acabado de grabar con la orquesta del ICR.
>
> Era una relación de amistad, de recuerdos con muchos estremecimientos. Después, en el 70 todos los programas importantes de la televisión se van para la zafra en Camagüey, ahí va Beatriz y yo con mi jefe, Juanito de la Torre. Siempre sostuve mi comportamiento de respeto, de admiración hacia Beatriz por su profesionalidad, por ser una mujer extremadamente generosa, solidaria, traslúcida.
>
> Una mujer —como casi todas las mujeres— proveedora de sufrimientos que se ha erguido como cubana en situaciones económicas muy desfavorables. Un día le pedí que cantara a capella para el documental Mujeres… el alma profunda. Las hijas de las estrellas y fue todo un

---

8. Visto en: http://epoca2.lajiribilla.cu/2006/n294_12/aprende.html.

honor; tiene un gran sentido de responsabilidad por esta nación, ¡mucho! Es una patriota.[9]

Beatriz a los 9 años. Archivo familiar

La estricta disciplina del Conservatorio demanda, claro está, gran concentración durante las clases con prestigiosos educadores como Carmen Collado y Aida Teseiro,[10] esta última graduada en Pedagogía por la Universidad de La Habana y quien desde 1932 había comenzado sus labores como profesora de Solfeo en la mencionada institución. A la insigne pedagoga siempre le llamó la atención cómo aquella niña lograba identificar una nota por su nombre sin la ayuda de una nota referencial. « (...) nunca tuve que rectificarle. Beatriz fue una alumna que caminó solita, muy bien», declararía la insigne profesora al realizador audiovisual Felipe Morfa.[11]

En esta etapa estudiantil y gracias a la idea de su padre, se presenta en actividades escolares y municipales con sus compañeras Ele Valdés y Silvia Acea. Transcurren tres rigurosos años en la vida de una pequeña que paulatinamente descubre los secretos de la música. Aprende, por ejemplo, los valores del «estilo barroco», descubre la complejidad musical del alemán Johann Sebastian

9. Lizette Vila. Entrevista ofrecida al autor, 14 de octubre de 2019.
10. Reconocida profesora de música. En el 2000 recibió el Premio Nacional de Enseñanza Artística en reconocimiento a su relevante obra como notable maestra consagrada a la formación de nuevas generaciones como creadores.
11. Documental *Diálogo con un ave*. Felipe Morfa, 2003.

Bach y disfruta del segundo movimiento de la apasionada Sinfonía Número Seis Patética, la última del ruso PiotrIlich Chaikovski. Su camino por el Conservatorio habanero termina con excelentes calificaciones como para ser el expediente más notable, otorgársele una beca que le permita ingresar en la Escuela Nacional de Arte (ENA) y recibir elogios del eminente profesor y músico Isacc Nicola, tal y como confesó la musicóloga María Teresa Linares Savio:

> Creo que para que un profesor como Nicola, —creador de un movimiento guitarrístico importante en Cuba—, diga eso de una alumna, tiene que estimarla mucho y tiene que darse cuenta que ella en su carrera ha desarrollado esa musicalidad, ese instinto que lleva dentro y que la pone a disposición del oyente por la técnica que emplea.[12]

Herejes de la música

La jefa de albergue Juana Glinn exige a las estudiantes de la ENA cumplir estrictamente con la organización y limpieza de aquellas lujosas casas ubicadas en el municipio Playa, antiguas propiedades de ricas familias que abandonaron el país durante los primeros meses del triunfo revolucionario y convertidas en residencias estudiantiles en los primeros años de la década de los sesenta. En la recién creada ENA reciben lecciones de piano y dirección coral con profesores como Margot Díaz, Elvira Fuentes y el guatemalteco Oscar Vargas Romero.[13]

Beatriz, junto con otros estudiantes entre ellos Adalberto Álvarez, Andrés Alén, Joaquín Betancourt, Vicente Rojas, Emiliano Salvador, Arturo Sandoval, Juan Pablo Torres, Jesús Gómez Cairo, José Loyola, Enrique Plá, José Luis Cortés y Pablo Menéndez (convertidos posteriormente en verdaderos artífices de la música cubana) conforma una especie de «cofradía musical» que los mantendrá hermanados.

---

[12]. *Ibidem.*

[13]. «Oscar Vargas Romero llegó a La Habana en 1962 y se integró al claustro de profesores de la recién creada Escuela Nacional de Arte, donde creó el Departamento de Dirección Coral, en cuyo seno dirigió el Coro de la Sección de Música y los coros infantil y juvenil. En Cuba organizó y dirigió al aire libre una masa coral de dos mil voces que incluía a varios coros de la isla». En: *Una vida fundacional* por Layda Ferrando publicado en CMBF Radio Musical Nacional, 14 de febrero de 2014.

Todos coinciden que fue aquella una etapa irrepetible en sus vidas, de unidad incuestionable entre cantantes, bailarines, actores…

En el coro de la ENA dirigido por Oscar Vargas

Sobre los programas académicos impartidos en el centro cabe destacar que aquellos solo se concentraban, ad litteram, en los valores de la llamada «música culta», restándole casi importancia a géneros y estilos tradicionales. Estudiantes de la época como la misma Beatriz aseguran que quedaba prohibido interpretar cualquier género cubano no aprobado en el plan de estudio. Pero como todo lo que se censura causa sensación, a espaldas de sus profesores solían reunirse de manera informal, digámoslo mejor: descargar entre sones, trova tradicional, guarachas y canciones… aunque aquello fuera motivo suficiente para suspenderles temporalmente la salida del centro.

En esta temporada estudiantil Beatriz participa en el Coro de la ENA que dirige Vargas Romero y crece una gran admiración hacia el trabajo realizado por la ya famosa Orquesta Cubana de Música Moderna, por Omara Portuondo, Moraima Secada y Elena Burke, a quien aplaude cada vez que asiste al Teatro Amadeo Roldán. Años después declararía a la revista Opina:

> En la ENA estudiaban danza Amparo Brito, Jorge Esquivel, entre otros que eran de mi barrio y nos veíamos en la ruta 4… ¡Ay, pero me gustaba tanto el filin! Cada vez que

tenía un chance me reunía con Plá y Sandoval y me escapaba a los recitales de la Orquesta Cubana de Música Moderna, ¿te acuerdas de Pastilla de menta? Cantaba escondida hasta que un día vi mi oportunidad de realizarme en la Escuela Cubana de Música Moderna.

También llama su atención el estilo de Ana Nora Escobar, conocida artísticamente como Monna Bell, una de las estrellas del Festival de la Canción de Benidorm, 1959. De la chilena disfruta, particularmente, el bolero «Aún te sigo amando»[14] el cual descubre en un disco de 45 rpm Escucha mucha música cubana tradicional y le despierta inquietud saber qué sucede en los escenarios a nivel mundial.[15]

Con su hermano, su mamá Gloria Castro y su padre René Márquez

14. Tema del compositor J. Sánchez. En Festival de la Canción de Benidorm de 1959 Monna Bell triunfó también con «El telegrama», de Alfredo y Gregorio García Segura.
15. *Juventud Rebelde*, 6 de mayo de 2001.

Escuela Cubana de Música Moderna, ¿un paso adelante?

Para algunos resultó ilógica y precipitada aquella decisión de continuar estudios en la Escuela Cubana de Música Moderna (ECMM), proyecto artístico donde se formaban pequeños grupos al estilo de otros que ya existían en la época, españoles fundamentalmente, y hacer canciones que gustaran a los jóvenes dentro de determinados patrones cuyos textos escaparan de la banalidad reinante.

Aun sin el autorizo del padre, Beatriz procura entrevistarse con el director, guitarrista, pedagogo y compositor Jesús Ortega Irusta encargado del centro.

> Yo sabía de Beatriz desde mucho antes, pues era amigo de su padre, a quien conocí cuando el maestro Ordilio Urfé organizó una serie de agrupaciones de música popular en la Dirección General de Música y René Márquez formó parte de lo que se llamó la «Tanda de Guaracheros». Era un hombre muy simpático y carismático.
>
> Por aquella época yo era el Coordinador Nacional de Música y además dirigía el Departamento de Conciertos y Orquestas de Coro. Según recuerdo, él llevó a su hija más de una vez allá. Beatriz era una niña con excelentes cualidades musicales que se manifestaron después, muy evidentes, y además estudiaba el piano.
>
> Si no recuerdo mal, el que la llevó a la ECMM fue el maestro, baterista y percusionista maravilloso Guillermo Barreto, uno de los profesores que nosotros convocamos. La escuela no tenía el nivel para las características que tenía Beatriz, ella estaba por encima de todo eso, no tenía nada que buscar allí.

Ortega Irusta es rotundo al afirmar que nadie se opuso a que la joven ingresara al plantel.

> Nosotros no nos opusimos a su entrada. De todas maneras insistió e insistió y también Barreto. De hecho, discutíamos con Guillermo y le decíamos: ¿para qué la vas a traer si tú sabes que esto no es lo que le hace falta?

Inclusive otro de los profesores, Juanito Formell tampoco estaba de acuerdo con aquello. Esa es la razón por la cual se dice que nosotros nos opusimos. No entendíamos —e incluso hoy tampoco entiendo— por qué ella quería estar en esa escuela.

De todas maneras, puntualiza, allí empezaron a cumplirse los objetivos que se habían pedido y comenzaron a formarse varias agrupaciones como Los Barbas y Beatriz se pegó al grupo. «¿Qué pudo haber aprendido Beatriz en la Escuela Cubana de Música Moderna?», se pregunta Ortega Irusta. Él mismo responde:

> Quizás el contacto con los jóvenes, el roce con algunos profesores como Carlos Emilio Morales enseñando la guitarra, Formell con el bajo... Y así una pléyade de grandes profesores. Honestamente hoy te digo, después de tantos años, que la ECMM no fue un proyecto tan logrado porque era muy dispersa la calidad del estudiantado.
>
> Beatriz tiene una musicalidad extraordinaria reconocida por todos y que ha superado sus debilidades de las cuales todos somos receptores. Al principio no sabía moverse en un escenario y hoy es una maestra en eso. No creo que haya ganado mucho en la calidad musical, eso ya la llevaba puesta. También pudo haber sido una pianista de primer nivel. En esencia, es la misma mujer que conocí hace 50 años.[16]

Con Los Barbas... el primer recorrido

Una vez formalizada su entrada en la escuela de música moderna Beatriz, tal y como sostiene Jesús Ortega, empieza a relacionarse con muchachos cercanos a su edad quienes conocen de sus cualidades vocales y por muy breve tiempo toca el piano en uno de los grupos recién formados hasta que José Luis Pérez Cartaya, director de Los Barbas, le propone grabar con ellos el tema «Balada de la isla» dedicado

29

---

16. Jesús Ortega Irusta. Entrevista ofrecida al autor, 11 de abril de 2019.

a la entonces Isla de Pinos y a partir de ese momento pasa a ser la voz femenina del primer grupo surgido en la Escuela Cubana. Forman parte de Los Barbas durante algunos años: José Luis Pérez (piano y organeta); Daniel Palacios (saxofón); Rolando Ojeda (bajo); en la guitarra Alfonso Fleitas, Kikutis; Miguel Díaz y Carlos Almaguer en la batería.[17] Los jóvenes debutan en 1967 en el Teatro Amadeo Roldán en una gala con los combos más conocidos de la época. Aquella presentación marca el debut profesional de Beatriz Márquez.

Uno de los que compartió profesionalmente a su lado fue Miguel Díaz Marín quien asegura haberla conocido a finales de 1965.

> Recuerdo que le pregunté: ¿por qué no seguiste en dicha escuela? Y me respondió que le gustaba más la música popular que la clásica. No pasó tanto tiempo y acompañada de su piano cantaba con su brillante voz. Betty y yo siempre mantuvimos una buena amistad. Pude conocer a sus padres, pues los visité cuando vivían en Mantilla.
>
> En la escuela de música Juan Formell impartía clase de bajo, nos interpretaba sus canciones y a Betty le gustaba hasta el punto que grabó algunas en el Instituto de Radiodifusión. Pero no se mantuvo por mucho tiempo con Los Barbas, aunque hicimos varias presentaciones en televisión. Recuerdo que visitamos todas las escuelas en el campo de la Isla de la Juventud, donde el grupo con Betty tenía gran aceptación.[18]

Poco a poco Los Barbas van perfilando sus presentaciones y se fortalece el nombre del grupo en todas partes. Ejecutan un variado repertorio con estrenos de Juan Formell como «Lo material», «De mis recuerdos», «Y ya lo sé» y «Yo soy tu luz»;[19] obras de Silvio Rodríguez, creaciones de la propia agrupación y de compositores internacionales. El tema «O bembem o bambam» fue, según el

---

[17.] El periodista Joaquín Borges Triana relaciona como fundador de *Los Barbas* al músico Mario Moreno en el bajo. Consultado en: http:// www.juventudrebelde.cu/columnas/los-que-sonamos/2017-10-11/. Mireya Escalante también trabajó junto con Los Barbas y Los Dada. Después armó con su esposo Mario "Mayito" del Monte, la banda Latin Street y se radicó en Canadá en 1998. Ver: *Cuba en voz y canto de mujer*, por Mayra A. Martínez. Editorial Oriente, 2018.

[18.] Miguel Díaz Marín. Testimonio ofrecido al autor vía correo electrónico, 6 de mayo 2019.

[19.] La única copia que se conserva forma parte del archivo de Felipe Morfa.

periodista Joaquín Borges Triana, una de las tres composiciones de la escena cubana de rock que han trascendido al gran público. La radio nacional pasa sus cintas y actúan lo mismo en Camagüey o Topes de Collantes, en el centro sur de Cuba.

> Era yo un niño, pero me impresionó aquella extraordinaria cantante (…) desde ya era apreciable la cantidad de matices que logra ella en su voz, de un timbre tan hermoso, de un color especial que se pasea ufano por todos los géneros, la canción en primer lugar pero también el bolero, el son, la guaracha…pienso que la Márquez podría haber también logrado un sitio dentro de lo lírico, pero al parecer nunca le interesó.[20]

31

Primera actuación en la televisión con Los Barbas, 1968

A inicios de 1968 Los Barbas llegan a la televisión para luego actuar repetidamente en los programas de la escuela al campo hasta llegar al conocido espacio Recital en el Canal 6 de la televisión nacional. De aquella actuación el periodista Pedrito Herrera escribe lo siguiente para la sección «¿Qué hay de nuevo…?» del diario Juventud Rebelde: «Sin alardes, sin gritos estridentes, la solista Beatriz

[20.] Frank Padrón Nodarse. Testimonio ofrecido al autor vía correo electrónico, 3 de mayo de 2019.

Márquez asomó su bello rostro y su voz de futura jazzista se dejó oír en números populares como «Con su blanca palidez» y otros».[21] De acuerdo a lo escrito por Herrera, Beatriz tiene bajo su brazo «varias composiciones, pero, según confesión, no le gusta interpretar sus canciones».

Las primeras veces que escuché a Beatriz fue hace muchos años, cuando ella era muy jovencita, delgadita… y cantaba con un grupo en un programa que se transmitía por la televisión sobre la hora de almuerzo. Me llamó la atención aquella muchacha tan jovencita con la madurez con que interpretaba las canciones. Ella es un músico perfecto. Me encanta cuando se acompaña al piano porque entonces es la intérprete completa.[22]

Los Barbas se presentan también en el programa Tele Revista de 8:30 a 9:00 p.m. alternando cada quince días con el combo de Senén Suárez, pero a partir del 13 de septiembre de 1968 son sustituidos por la Orquesta de Elio Revé.[23]

Ya desde esta época Beatriz empieza a grabar de manera regular en los estudios de radio y con el grupo se presenta a las evaluaciones que exige el sector artístico, ante un jurado integrado por el pianista, compositor y director de orquesta Adolfo Guzmán; el compositor, pianista y orquestador Rafael Somavilla, (uno de los directores fundadores de la Orquesta Cubana de Música Moderna) y el conocido músico argentinocubano Eddy Gaytán, quien posteriormente será el productor musical de la artista cuando graba su longplay debut Es soledad.

A propósito, para aquel material primigenio se eligen números de Luis Rojas, Juan Almeida, Gaytán y de René Márquez, quien escribe para su hija lo que, más de medio siglo después, constituye el tema líder de su repertorio: «Espontáneamente».

(…) Espontáneamente seguiremos juntos hasta conquistar/ esa inmensa dicha que todos le llaman/ la felicidad.

---

[21] *Juventud Rebelde*, 1968.
[22] Esther Borja Lima. Documental *Diálogo con un ave*, Felipe Morfa, 2003.
[23] Pedraza Ginori. *Memorias cubanas*. Libro 1.

LP Es soledad. *1970*

En los tres últimos años de la «década prodigiosa» se entretejieron, como afirma Ambrosio Fornet,[24] "las fiestas y los duelos, las apoteosis y las catástrofes." Algunos acontecimientos marcan la vida cultural de la nación como el Salón de Mayo (desde París), la mayor exposición de pintura moderna que había conocido la capital cubana; se celebraron el Encuentro de la Canción Protesta y el Congreso Cultural de La Habana.

Por otra parte, hubo «un repunte del dogmatismo en el análisis crítico de dos libros premiados en el concurso literario de la Unión de Escritores y Artistas de Cuba (Uneac), así como de la situación prevaleciente en el campo intelectual cubano». Entre noviembre y diciembre de 1968 aparecieron en la revista Verde Olivo cinco artículos firmados por el tristemente célebre Leopoldo Ávila que provocaron un tenso clima entre creadores de diversos estilos.

Los setenta: zafra, «depuraciones» y música

Desde la salida de su primer LP Es Soledad en 1970, Beatriz Márquez comienza la carrera en solitario. Las canciones que se desprenden del material logran difundirse rápidamente y forman parte de la banda sonora de una década agitada culturalmente si tenemos en cuenta la realización del Congreso de Educación y Cultura del Habana Libre (23 al 30 de abril de 1971) de donde nacen medidas

24. *La década prodigiosa: un testimonio personal* por Ambrosio Fornet en *Narrar la nación*, Editorial Letras Cubanas, 2009, p. 362.

33

tan irracionales (analizadas desde el presente) como la de no permitir que por medio de la calidad artística reconocidos homosexuales ganasen un prestigio que influyera en la formación de la juventud.[25] Pero también aparecen documentos de gran relevancia como Calibán de Roberto Fernández Retamar, un ensayo que se convirtió, tomando las palabras del intelectual Fornet, en «un manifiesto cultural del Tercer Mundo».

Este será también el período del «Quinquenio Gris», ese oscuro pasaje de la política cultural cubana conocido como pavonato. Hay hechos, sostiene Fornet, que podrían considerarse de «lesa cultura o leso patriotismo» como el veto que se le impuso en 1974 al valiosísimo libro Ese sol del mundo moral, de Cintio Vitier el cual vería la luz finalmente en Cuba casi veinte años después. El último día de noviembre de 1976 se anunciará la creación de un Ministerio de Cultura dirigido por Armando Hart durante la sesión de clausura de la Asamblea Nacional del Poder Popular.

Beatriz se desplaza hasta lugares intrincados de la geografía cubana como integrante de la Brigada del Instituto Cubano de Radiodifusión. Desde Radio Rebelde hasta Radio Marianao su voz se cuela con éxitos como «Ni aquí ni allá», «Con su blanca palidez» y «Canción para alguien lejos»[26] con la que debuta en el programa televisivo Pantalla mágica.

En otros teleprogramas despliega sus mejores registros como es el caso de Buenas tardes donde confluye un reducido número de agrupaciones y jóvenes cantantes: el dúo de Mirtha y Raúl, Leonor Zamora, Alfredito Rodríguez, Miguel Chávez, Maggie Carlés, Oscar Quintana, Miguel Ángel Piña, Farah María, Héctor Téllez, María Elena Pena, Los Magnéticos de Bauta, Los Barbas, el cuarteto Los Brito, entre otros.[27]

El reconocido director de televisión José Ramón Artigas rememora:

> Ahora mismo podía ubicarme en Santa Clara en 1968, y ver a una muy joven Beatriz cantando con Los Barbas para una realización televisiva nuestra, en vivo. Esa es la primera imagen que tengo retenida en el tiempo. Todo un pop

[25.] Ibidem, p. 396.
[26.] «Nuevas voces que entran en su receptor» por Orlando Quiroga en Bohemia.
[27.] Pedraza Ginori. Memorias cubanas.

heredero de la llamada «década prodigiosa».

Luego como parte del apoyo que la televisión le dio a la zafra del 70 envió nuestra unidad de control remoto a la antigua provincia de Camagüey. A veces teníamos que viajar cien kilómetros hasta el central azucarero elegido para en su batey, presentar Música y estrellas o Pantalla Mágica que dirigía Pepe Simón o presentar Buenas Tardes que dirigía Manolo Rifat.

Beatriz pasó la temporada de Camagüey y siguió con nosotros para Ciego de Ávila. Había un piano vertical muy viejo y ella con manos de ángel, no sé cómo se las arreglaba, se sentaba en el portal de la escuela del petróleo y a plenas siete o siete y cuarto de la mañana arrancaba a tocar. Podía cantar su repertorio, pero era la Beatriz que compartía dúos con un cantante que empastó con ella, como pocos, llamado Miguel Chávez. Realmente fuimos privilegiados. Luego coincidí con ella en programas didácticos para la televisión, después pasé para Álbum de Cuba y también estuvo con nosotros.

Pero llegó para mi carrera y creo que para la de Beatriz también un gran hito: Recital. ¿Qué hicimos Orlando Quiroga y yo en ese programa? Llevar la danza, el arte lírico… pero sobre todo abrir el diapasón. Con nosotros trabajó La Monumental que estaba en pleno apogeo con aquel «mechón» mítico y decidimos hacerle un recital a Beatriz Márquez en el restaurant Las Ruinas del Parque Lenin.

Ya habíamos obtenido grandes resultados el binomio Quiroga-Artigas con el recital que le hicimos al dúo Clara y Mario en el Palacio Aldama, a la Orquesta Aragón. Pero el de Beatriz fue un boom que ni siquiera el de Rosita Fornés logró superar.

¿Cuál fue el sustrato del recital? Lo que se llamó en aquel momento «la nueva Beatriz». Sucede que ella había utilizado en esa selección «Como cada mañana» un tema de Armando Larrinaga y «Prefiero ser algún recuerdo» de Pepe Valladares. Como ella estaba en pleno crecimiento hubo que hacer otro recital y en esa ocasión fue en el estudio del Focsa. Te darás cuenta cómo es la relación de admiración y amistad que siento por Beatriz.

¿Y por todo aquello cuánto ganaba Beatriz, algo que quizás por un problema de buen gusto no lo va a decir? Lo mismo que Farah María: ciento treinta y ocho pesos por la congelación salarial. Pero existía un gran amor por hacer las cosas.

Los jóvenes de aquella generación no soñábamos con marcas. Por eso cuando hablamos de Beatriz nos referimos a un paradigma artístico de este país. Ella está en el parnaso de las grandes intérpretes donde está la señora Esther Borja, Miriam Ramos... Este tipo de cantantes necesita actos de justicia, de respeto y por qué no, de veneración.[28]

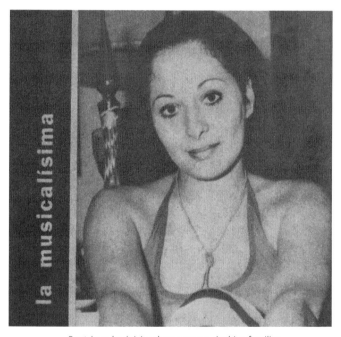

Beatriz en los inicios de su carrera. Archivo familiar

36

la musicalísima

Un epíteto remplaza el nombre original

Como para prescindir completamente de su nombre en esta etapa y gracias a la chispa del periodista Orlando Quiroga, activo e ingenioso en el mundo de la farándula, a Beatriz comienzan a llamarle sencillamente La Musicalísima, no tan sencillo el calificativo si nos detenemos a evaluar todo lo que ese alias significa, encierra, sugiere. Es el todo, no una parte, ni una sola característica lo que se quiere exaltar.

El superlativo acentúa el talento de la artista, ese «ísima» no le queda grande, aunque la compromete y ella sabrá, desde temprano, responder al pedido. Para el escritor y crítico cubano Norge Espinosa, «subraya su integralidad como intérprete y profesional».[29]

Fue en el momento de Buenas tardes cuando ese nombre se le aplicó a Beatriz. Ella es un músico completo, puede dirigir hasta una orquesta. Es pianista, sabe tocar tumbadoras… y yo dije: esta mujer es musicalísima y un día lo escribí así. Cuando eso lo dijo Eva Rodríguez en el programa Saludos amigos aquello cayó tan bien que yo la empecé a llamar así en la revista Bohemia hasta tal punto que se convirtió en La Musicalísima, no había que decir su nombre.[30]

Otro crítico de fina mirada como Frank Padrón coincide en que: «Beatriz Márquez no es solo La Musicalísima como tan acertadamente la calificó Quiroga, sino que es un verdadero fenómeno dentro de la cancionística insular y de mucho más allá».[31]

Volando por toda Cuba

Durante los primeros años de la década de los 70 Beatriz Márquez se presenta junto con otros artistas en distintos escenarios cubanos como apuntamos anteriormente. En una de esas actuaciones conoce personalmente al revolucionario y compositor Juan Almeida

[29] «Un febrero para Beatriz Márquez y Elena Burke», por Norge Espinosa Mendoza. Visto en http://www.lajiribilla.cu/articulo/un-febrero-para-beatriz-marquez-y-elena-burke Consultado el 18 de marzo de 2019.
[30] Orlando Quiroga. Documental *Diálogo con un ave*, Felipe Morfa, 2003.
[31] *Ibidem*.

Bosque y a otro notable cantante, compositor y guitarrista, Mike Porcell, este último confiesa:

> Nos conocimos allá al principio de la década de los 70 cuando Beatriz formaba parte de una delegación de artistas. Coincidimos en esta pues en aquellos años yo era integrante del grupo DADA. Beatriz escuchó la canción «Diálogo con un ave» que acababa de componer en aquellos meses y decidió incorporarla a su repertorio. Un honor para un novel compositor que una cantante de la talla de Beatriz escogiera uno de mis primeros temas. Decidió grabarlo en cuanto llegáramos a La Habana y así se hizo. Conté con la colaboración del querido colega y amigo Pedro Luis Ferrer, que era miembro de DADA en aquellos años. Hicimos una versión a dos guitarras tratando de mantener el espíritu un tanto barroco que traía la canción y la grabamos de una sola toma en el estudio de Radio Progreso. Lo demás es historia. La canción se hizo popular en la voz de Beatriz.
> Tengo que añadir que nadie más ha hecho una versión de la canción, así que podríamos decir que el tema pertenece también a Beatriz Márquez. Nunca imaginé que años después aún este tema se mantuviera en la memoria colectiva del público. ¡Misterios de la música!, diría yo. Beatriz es una excelente cantante con un cálido y muy particular timbre que la distinguía del resto de las cantantes de la época. Además, el hecho de que era una de las pocas cantantes de la época que además era músico. Siempre estaré eternamente agradecido a Beatriz por haber seleccionado Diálogo… como parte de su repertorio. Gracias a este gesto de ella mi carrera como compositor dio un gran primer paso.[32]

… /¡Ay, pobre de ti, caminante/ no has sido feliz, el amor es tormento de uno, es la dicha de dos/ y es el odio entre tres, eso es!

[32.] Mike Porcell. Testimonio ofrecido al autor vía correo electrónico, febrero de 2019.

En Camagüey con el cantante Miguel Chávez. *Revista* Bohemia

Beatriz se convierte en «una voz primordial en el soundtrack de la época», como también dice Norge Espinosa. Se le ve en los jardines y terrazas de los nuevos hoteles cantando para la cámara varios de sus hits, cerca del mar.

La compositora y cantante Marta Valdés, esa mujer que escribe canciones y artículos con esmerada fineza añade una singularísima opinión.

Prefiero hacer memoria, remontarme a los años finales de la década de los sesenta cuando apareció un sonido de voz con que ninguna otra cantante hasta ese momento había coloreado las melodías. De inmediato, supe que algo pasaría con aquella muchacha cuya imagen fijé y cuyo nombre pude conocer según —por ley natural— se fue abriendo paso hacia el bien ganado protagonismo que su desempeño artístico fue reclamando. No andaba errada mi intuición.
El canto de Beatriz Márquez se hizo reconocer desde siempre, no importa el estilo, el género, el autor, lo mismo respaldada por un instrumentista que por un conjunto de cualquier formato o en esas ocasiones en que ha decidido ofrecer al auditorio una presentación en directo acompañándose al piano.

La vi llegar aniñada, desconocida; aprecié su canto cálido, brilloso, para el cual deseé toda la buena suerte en el camino recién emprendido; largo ha sido, fructífero y hermoso el quehacer de esta dama colmada de atributos musicales a los que me permito añadir, de manera muy personal, uno hasta ahora inédito, quizás no tan sonoro como pertinente: «vocalísima».[33]

Beatriz Márquez. Década del 70. Archivo familiar

Una voz «fuera de códigos» en Varadero 70

En los meses finales de 1970 La Musicalísima goza de un respaldo mayoritario del público en la Isla. Su delgada figura se ha visto solo en pequeños escenarios de diversas ciudades del país, en esos recorridos de los que hicimos referencia, pero es importante la actuación que ponga a prueba su potencia en escena y la posibilidad se lo brinda justamente el Festival de Varadero, famoso y multitudinario.

La revista Bohemia en su edición del 6 de noviembre informa sobre la presentación de Beatriz y Oscar Quintana en Baracoa «con

[33.] Marta Valdés. Testimonio ofrecido al autor vía correo electrónico, enero 2019.

su mensaje canoro en los carnavales de Oriente».[34] En Villa Clara se realiza el Primer Festival del Creador Musical de Las Villas y la prensa anuncia el encuentro nacional durante el primer trimestre de 1971.

Uno de los que está muy lejos de Cuba durante estos años es el poeta, ensayista y Premio Nacional de Literatura Roberto Fernández Retamar, el hombre que escribió Calibán y tantos poemas y ensayos que ayudan a entender la nación tampoco se aparta de la música popular, discriminada por alguna «burguesía del arte» que en esos años todavía pulula en el país.

> Recuerdo que en los años 70 un grupo de cubanos nos encontrábamos en VietNam con el propósito de realizar un documental sobre la guerra. Fue el sonidista Jerónimo Labrada quien se llevó algunos temas de la joven orquesta Los Van Van y de Beatriz Márquez. Por tanto, durante varios meses y en medio de la guerra, ella nos acompañó. Desde entonces creció mi admiración por Beatriz y su maravillosa voz.[35]

41

Antes de terminar 1970 casi todos en Cuba esperan lo que acontecerá otra vez en la Playa Azul de Varadero donde anteriormente se habían realizado sendos festivales (1965-1967) con amplia participación de artistas nacionales y extranjeros. Varadero 70 sería un merecido y esperado espectáculo después de la frustrada Zafra de los Diez Millones «que pese a ser «la más grande nuestra historia», como proclamaron los periódicos, dejó al país exhausto».[36]

Por votación popular se seleccionaron a los artistas que conformarían la delegación cubana. Según datos publicados por el director de televisión Eugenio Antonio Pedraza Ginori, cada persona pudo escoger hasta 28 nombres de solistas, grupos, orquestas y enviar su selección al apartado de correos 4029, La Habana.[37]

Con el uso de máquinas computadoras y el trabajo de un gran número de personas se procesaron las cerca de 525 mil respuestas en

---

[34.] *Bohemia*, noviembre de 1970.

[35.] Roberto Fernández Retamar. Testimonio ofrecido al autor, vía telefónica, 28 de marzo de 2019.

[36.] Fornet, Ambrosio, *Narrar la nación*, Editorial Letras Cubanas, 2009, p.394.

[37.] *Cuba invita a Cantar*, Festival Varadero 70 (Parte 1). Pedraza Ginori.

los salones del Consejo Nacional de Cultura (CNC). La participación de los artistas no estuvo reglamentada por bases, no se otorgaron premios y la entrada a los conciertos fue gratis.

Así quedó conformada la delegación cubana al Festival de Varadero 70:

- Orquestas (3): Aragón, Pacho Alonso y sus Pachucos y Los Van Van de Juan Formell
- Grupos (6): Los Barbas, Los 5U4 con Osvaldo Rodríguez, Los Dada, Lourdes Gil y Los Galantes, Los Magnéticos y Los Novels
- Cuartetos (2): Los Brito y Los Zafiros
- Dúos (2): Clara y Mario y Mirta y Raúl
- Solistas (15): Ariel, Elena Burke, Ela Calvo, Miguel Chávez, Farah María, Rosita Fornés, Beatriz Márquez, Alfredo Martínez, Pablo Milanés, Oscar Quintana, Alfredo Rodríguez, Silvio Rodríguez, César Sarracent, Moraima Secada y Leonor Zamora. También fueron seleccionados Omara Portuondo y la Orquesta Revé quienes no pudieron participar por encontrarse fuera del país

Al observar detenidamente la lista de dicha delegación y atendiendo a las propuestas que defendían algunos jóvenes de esa etapa, coincidimos totalmente con Pedraza Ginori al afirmar que «la renovación (…) en (el) medio musical obtenía la aprobación del público».

Para conducir la orquesta del Festival Internacional de la Canción Popular Varadero 70 fueron seleccionados los expertos compositores, arreglistas y directores, Rafael Somavilla y Tony Taño, respectivamente. A dos días de cerrar el telón del Anfiteatro de Varadero y después de las espectaculares actuaciones del italiano Sergio Endrigo; Los Bravo, de España; La Aragón, Elena Burke y otros corresponde el turno a Beatriz Márquez quien interpreta tres temas, los que más tararea el público y se escucha en la radio: «Espontáneamente», «Diálogo con un ave» y «Es soledad».

Volvemos a Pedraza Ginori y a sus muy lúcidas Memorias:

> Para un viernes de recta final: abrir con Los Van Van, la orquesta de Formell, renovador de nuestra música popular. José Luis, Lele, Marsillí moviéndose constantemente por todo aquello mientras hacen la música de mayor swing

que produce hoy la isla. Espontáneamente la figura más aplaudida de la delegación cubana. La sorprendente Beatriz Márquez, una voz fuera de códigos.[38]

Momentos de su actuación en el Festival Varadero 70

● CANCIONERO

"DIALOGO CON UN AVE"

Éxito de **BEATRIZ MARQUEZ**

Autor: **MIGUEL PORCELL**

A un ave que vi
cantar junto a mí
yo le pregunté su alegría
tan grande a qué se debía
y me contestó: es el amor...

Le dije no sé
qué cosa es amor
no me quiso quedar así
la curiosidad me obligó
que le preguntara todo.

¡Ay, pobre de ti, caminante
no has sido feliz,
el amor es tormenta de uno,
es la dicha de dos
y es el odio entre tres,
eso es!

¡Cuán ciego viví,
jamás conocí
lo más importante que hay:
la felicidad; la verdad
que no existe sin el amor...!

BEATRIZ MARQUEZ, la gran límpida vocal de nuestro país, bautizada como "La Musicalísima" por el colega Orlando Quiroga en atención a su dominio del solfeo... Beatriz, después de "Espontáneamente", ha logrado situar en la preferencia nacional este "Diálogo con un Ave" de Miguel Porcell, joven cantante y guitarrista de "Los Dada". La foto de Posada corresponde a la presentación de "La Musicalísima" en Varadero '70, evento al que fue elegida por una inmensa votación popular.

Varadero 70. Revista Bohemia

38. *Ibidem.*

De Izquierda. a Derecha un Integrante de los Hermanos Bravo, Juan Formell, Beatriz, Orlando Quiroga y Elena Burke. Varadero, 1970

Ritmos de Cuba, primer compromiso internacional

Nos quedamos en los primeros meses de 1971 y examinamos «cómo se mueve la farándula» de entonces: se anuncian las actuaciones de Ela Calvo en los teatros Hubert de Blanck y el Amadeo Roldán. Elsa Balmaseda estrena en Tele Rebelde un número de Josefa Cabiedes, mientras prepara otro del mexicano Armando Manzanero. En Grandes Novelas del Canal 6 María Bachs y Loly Buján ocupan su turno para presentar Madame Bovary, de Flaubert donde la actriz Margarita Balboa sería la encargada de resolver el personaje.

Durante febrero todo el equipo del Teatro Lírico Nacional se presenta en Las Villas, Cienfuegos y Matanzas. La gran Alina Sánchez incluye en su repertorio El Pichi de la revista musical española Las Leandras, entre otras piezas, mientras Elena Burke, La Señora Sentimiento como también la bautizó Orlando Quiroga, con su guitarrista acompañante Froilán Amézaga van a Chile para representar a Cuba como invitados en Viña del Mar.

La brigada ICR lleva el «soplo del arte» por todo Pinar del Río y Bohemia publica la lista de los compositores que participarán en el Festival del Creador a realizarse en el Anfiteatro de la Avenida del Puerto donde René Márquez concursará con el tema «En el cielo de mi vida».

La Egrem divulga los discos en producción y en proceso de grabación. En el primer capítulo, serie Larga Duración, están los de Clara y Mario, Orfeón Santiago, Beatriz Márquez, Orquesta Van Van, Mirta y Raúl y Roberto Sánchez; mientras en la radio se difunde reiteradamente el tema «Es algo de amor» por Oscar Quintana y Beatriz. Las memorias de la música en Cuba deben tener muy en cuenta los programas de radio y televisión, sostiene el investigador Carlos Bartolomé Barguez. Y la radio, esencialmente, como sucedió en décadas anteriores, todavía ocupa un lugar privilegiado en la promoción de los artistas. Los oyentes siguentras el hit parade, llaman a los programas, solicitan sus canciones dedicándolas a amores secretos o públicos. Hay competencias, pugnas sanas entre agrupaciones de pequeño o gran formato, sin desdeñar géneros o estilos. Antes de llegar al escenario, es necesario para el artista ese recorrido promocional.[39]

A propósito, la misma Bohemia publica allá por 1971 el cómputo mensual correspondiente al mes de febrero con las selecciones de programas como Festival, Nocturno o Discoteca Popular que se transmiten a escala nacional. En Festival de Radio Liberación, «Diálogo con un ave» alcanza el tercer puesto.

En Radio Progreso a los once menos quince de la mañana se transmite el programa Ella y Él, cuyos protagonistas son, sencillamente, Beatriz y Miguel Chávez. Con un respaldo de audiencia sobresaliente y durante el tiempo que se mantiene al aire el programa, los jóvenes estrenan algunas piezas. Es un formato ya conocido en la radio cubana. Elena Burke y Meme Solís, por ejemplo, ya habían hecho algo parecido y así otros cantantes de renombre. Una de las tantas radioyentes fieles de Ella y Él, fue la escritora cubana Marilyn Bobes, así lo recuerda.

Yo era una adolescente, cursaba la Secundaria Básica y como el resto de mis amigos amaba a Los Beatles y a Los Rolling Stones, quizás porque casi estaba prohibido escucharlos. En mi casa no había televisor y como era una melómana empedernida escuchaba mucho la radio. Entonces, en virtud de mi inmadurez y mi ignorancia subvaloraba un poco la música cubana. Pero un buen día tropecé con un programa en que un tal Miguel Chávez y una prodigiosa vocalista llamada Beatriz Márquez ofrecían canciones románticas acompañados por un

---

[39] Para un mejor análisis sobre este tema sugerimos la lectura de *Los musicales de la radio y la televisión en Cuba (1950-1958)* por Carlos Bartolomé Barguez. Ediciones EnVivo, 2019.

piano. Me sorprendió aquella voz afinadísima, capaz de pasar de los registros más graves a las más altas tesituras. Pero más que todo había en ella una especial manera de subordinar su virtuosismo a las emociones que trasmitía a través de su voz. Desde entonces Beatriz Márquez ha sido una de las voces que forman parte de mi banda sonora particular. Y ahora que antepongo la música de la isla a casi todo lo foráneo ella sigue siendo una de las intérpretes que sigo atentamente, lo que me ha permitido verla evolucionar y volverse, si es posible, más profesional pasados ya cuarenta años de que la escuché con la fascinación con que suele escucharse la música cuando se es muy joven. Pudiera decir de ella muchas cosas, pero las resumo en una frase: ella es la canción que canta. Y doy todos los días las gracias de que en los años sesenta no hubiera en mi casa un televisor para poder descubrirla en la radio. Así: sin rostro, sin figura. Solo una voz para consolarnos. Una voz que es mucha voz, la de la incomparable Beatriz Márquez.[40]

Al concluir el Primer Festival del Creador Musical algunos periodistas resaltan el estilo y la fuerza que le imprimió Rumbavana a las actuaciones en la noche final con los números «Este es el son cubano» y «Así». El conjunto Rumbavana junto con Los Bravos, La Aragón, Moraima Secada, Omara Portuondo y Beatriz fueron los más aplaudidos. Allí coinciden por primera vez en un escenario de manera profesional René Márquez y su hija donde los carismáticos animadores Consuelo Vidal y Enrique Santisteban les entregan el primer premio del certamen.

También es noticia que la única intérprete que logra tres canciones finalistas en el Festival Nacional del Creador Musical es Elena Burke y entre los exitosos del momento están Ela Calvo con «Te doy una canción» y Beatriz cantando «En el cielo de mi vida», de su padre y con arreglos de Chucho Valdés. Patricia Muñoz da un giro de estilo con «Cantaré a las cosas»; Oscar Quintana triunfa con lo mejor de Olga Navarro, «¿Cuál será?» y Armando Pico es aplaudido por su versión de «Guantanamera» a dúo con María Remolá.

40. Marilyn Bobes. Testimonio ofrecido al autor vía correo electrónico, mayo de 2019.

En ese momento de ascenso, desde el punto vista artístico, con nuevos temas en su repertorio, compositores que se disputan por entregarle algún tema, Beatriz asume el primer compromiso fuera de fronteras al formar parte de una delegación integrada por más de cuarenta artistas. Organizado por el Instituto Cubano de Radiodifusión y el Consejo Nacional de Cultura, el espectáculo Ritmos de Cuba está planificado para ser visto en seis países socialistas de Europa iniciando el periplo por la República Democrática Alemana.

Con los animadores Consuelo Vidal y Enrique Santisteban. Festival del Creador Musical, 1971

El cartel lo conforman Omara Portuondo, Oscar Quintana, Alfredo Martínez, Los Hermanos Bravo, el fonomímico Centurión y parte del cuerpo de baile del ICR. Antes de partir los artistas se presentan durante varias noches en el Teatro Amadeo Roldán y por el Canal 6 de la televisión. Meses más tarde las noticias que llegan a Cuba señalan que el espectáculo es tremendamente aceptado en aquellas frías ciudades del continente europeo.

En Berlín se presentan en el Friedrichstadt-Palast, uno de los símbolos de la vida nocturna de la capital alemana, con capacidad para 3000 personas por función. El director artístico del espectáculo, Amaury Pérez García, recibe el Sello de Oro por parte de la dirección del teatro. Una reseña publicada entonces en Bohemia alude a los "entusiastas y prolongados aplausos" que recibe la Márquez quien "hizo honor a la fama que la precedió" y donde en algunas ciudades, a pesar de la barrera del idioma y dada su aceptación fue necesario repetir el conocido tema de Mike Porcell. Para octubre de 1971 y luego de tres intensos meses culminaría dicha gira por ciudades europeas.

Beatriz y Omara Portuondo, Ritmos de Cuba, *1971*

En Cuba los periódicos anuncian el Primer Festival del Disco en Oriente a celebrarse del 10 al 17 de ese mes y el año se despide con significativas pérdidas para la cultura cubana: en abril ha muerto Miguel Matamoros con 77 años en Santiago de Cuba, figura principal del trío que llevó su nombre y en México, víctima de un colapso cardíaco, desaparece físicamente el gran Bola de Nieve, artista cumbre del arte nacional. Conmovido por tal deceso, Nicolás Guillén afirma: «su arte fue servidor e instructor de pueblo, y en tiempo y forma devolvió a este cuanto le había tomado en préstamo, y ello en obra nueva, poderosa, original, a la que jamás faltó en su taller.

Porque Bola era él mismo, y nadie más que él, de tal manera que, al morir, su trono quedará vacante por muchos años, su arte no encontrará parangón en mucho tiempo».[41]

Primer concierto en el Amadeo Roldán: resonancias

En 1972 la sección de estadísticas del Departamento de Análisis y Control de la Subdirección de Musicales de Radio del ICR presenta los datos oficiales de todas las emisoras del país donde aparecen los 10 números más radiados en 1971.

Ocupa el primer lugar «Ni la casa ni yo», de José Valladares e interpretado por Los Reyes, ¡transmitida más de mil veces! En el segundo lugar se ubica «Voy a ser feliz» (Jorge Estadella / OmaraPortuondo). En el puesto seis, «Diálogo con un ave» (Mike Porcell / Beatriz Márquez) y en el noveno lugar «Espontáneamente» (René Márquez / Beatriz Márquez). Mientras que Juan Formell, Osvaldo Rodríguez, Jorge Estadella y Juan Almeida (con el tema «Déjame mirarte» también defendido por Beatriz) aparecen entre los autores más exitosos del momento.

Mientras tanto, la Dirección de Música del Consejo Nacional de Cultura encarga a Rembert Egües dirigir ese año los conciertos de Beatriz en el Amadeo Roldán. Dichos recitales serían grabados por la Egrem con vistas a la facturación de discos de larga duración.

En la actuación de Beatriz está presente la guitarra de Mike Porcelly no faltan los ya conocidos «Espontáneamente», «Diálogo con un ave» y «Separada de ti ahora», este último de Eddy Gaytán. La intérprete "reúne varias flechas en su arco,"[42] con títulos de Michel Legrand, pasando por la languidez carioca (Sa Marina, Más que nada, Canción de Orfeo) y por la mejor etapa de Lennon-McCartney. Entra en el mundo de Silvio Rodríguez con «Ojalá» y estrena un número como «El Andante y su corcel», una de las primeras piezas que se escucharán de Rembert después de las bachianas.

Le acompañan músicos de valiosísima factura como el pianista Jorge Aragón; Silvio Vergara, bajo; Rembert Egües, organeta y vibráfono; Antonio Leal, trombón; Armando Galán, trompeta; Andrés Castro, trompeta; Braulio Hernández, saxo; Igancio Berroa,

49

41. Palabras pronunciadas en los funerales del artista Ignacio villa, 5 de octubre de 1971.
42. *Bohemia*, 21 enero de 1972.

percusión, y la colaboración del Grupo de Percusión del Teatro de Ensayo Ocuje.

Programa de la Primera Presentación en el Teatro Amadeo Roldán, 1972 (I)

Las notas al programan redundan en lo que ya se conoce:

> Beatriz "es dueña de una extraordinaria musicalidad, gran sencillez, de personalidad y agradable presencia." Como destacamos anteriormente, Rembert Egües tiene la responsabilidad de dirigir musicalmente el espectáculo y con Beatriz ha formado un binomio "donde el espíritu de renovación, la inquietud y la búsqueda constante son las premisas que ambos se imponen en la elaboración de dicho recital.[43]

Rembert y Beatriz han forjado una amistad que se consolida con los años, tal y como asegura el hijo del mítico Richard Egües.

> Beatriz y yo estudiamos en el Conservatorio, por tanto nuestra relación viene desde la niñez. Fuimos creciendo y un buen día decidimos por los años '70 hacer un recital en el Amadeo Roldán. Beatriz es una asombrosa cantante y no porque se le entregó el Premio Nacional de Música.
>
> En primer lugar, tiene una afinación increíble, una particularidad muy necesaria y apreciada en un cantante: un timbre muy particular. Desde que escuchas una nota que emite dices: ¡esa es Beatriz Márquez! Ha cantado algunas obras mías que para otra cantante pueden tener dificultades, pero para ella no.
>
> Siempre que la escucho me pregunto: ¿qué le pasa a Beatriz que cada día lo hace mejor? Nunca he visto retroceso en su voz, sino avanzando siempre, no sé cuándo va a parar.
>
> Sin embargo, nunca fuimos a ningún festival. Hicimos recitales en el teatro Amadeo Roldán, muy osados para la época y presentamos obras del mundo entero, canciones que me llegaban a mí por otras vías y yo las encontraba desde el punto de vista musical interesantes. Creo que fue muy importante esa búsqueda.[44]

51

---

[43]. Notas al programa del recital en el Amadeo Roldán, 1972. Archivo de Beatriz Márquez.

[44]. Rembert Egües Entrevista con el autor en Radio Metropolitana, 2018.

Sobre su primer concierto en el Amadeo Roldán, un Orlando Quiroga, tan pendiente de la vida musical de entonces, escribe que Beatriz dejó en la memoria un singular encuentro con la música de Silvio Rodríguez a partir de «Ojalá», donde probó que lo de Musicalísima no es juego, afianzando el alias concedido.

Subraya el periodista su coraje de cantar Diálogo... a capella, sin otro recurso que el manantial de su voz y su incursión por un número con el que hizo estupendos rejuegos: Tardes grises de Sindo Garay.[45] Quiroga elogia la idea de utilizar durante el recital en el Amadeo música grabada en los cuatro números de Luis Rojas y René Márquez, con la voz viva de la intérprete, muy de moda internacionalmente.

¿Fue un triunfo total aquel recital? No. Según Quiroga hizo falta más "fantasía y nitidez en las luces, más claridad en la escenografía, menos ímpetu en el grupo excelente de Egües, a veces tapando la voz de la intérprete". Se hizo evidente la poca soltura escénica de Beatriz, "la más musical en los espectáculos cubanos en los últimos años".[46]

Volvemos a la radio para tomar el pulso al ritmo de la Isla, o al menos tener una noción de lo que más se escuchaba. Es el caso de «Amor y Solfeo» por Elena Burke y «Sería tan fácil» que Beatriz borda y que el director de televisión Silvano Suárez utiliza en la serie Horizontes. En la primera quincena de marzo de 1972 Radio Sancti Spíritus y Radio Ciudad del Mar reportan que los temas más sonados son: «Sería tan fácil» (de Luis Rojas, por Beatriz) y «Campanas siempre campanas» (de Raúl Gómez, por Mirta y Raúl).

La maternidad toca a su puerta

Como fruto de su relación con Humberto García Gómez, nace el 1 de julio de 1972 Evelyn García Márquez. Bohemia la busca y se hace eco de este acontecimiento en la vida personal de la intérprete quien anuncia su pronto regreso a la televisión con estrenos de tres compositores frecuentes en su repertorio: Juan Almeida, René Márquez y Luis Rojas.

La joven madre, quien anhela componerle una canción de cuna a su pequeña, cuenta con toda la ayuda en casa como para no descuidar sus compromisos artísticos. El camino de Evelyn estaría

---

[45] *Bohemia*, 11 de febrero de 1972.
[46] *Ibidem*.

marcado por el arte y los años demostrarán su pasión por el canto, la composición… En la búsqueda de su estilo cargará con las incómodas comparaciones. Ser hija de La Musicalísima reporta beneficios y constantes riesgos. Evelyn aclara que su mamá, más allá de conducirla en ese difícil mundo del arte, también le enseñó a poner los pies en la tierra.

53

Durante el embarazo de Evelyn

Crecí en un ambiente muy musical. Mi abuelo René Márquez y por supuesto, mi mamá, me introdujeron en un mundo mágico. Cuando tenía 4 o 5 años, en casa de mis abuelos había un tocadiscos y me encantaba poner el primer disco que hizo mi mamá, me paraba en el espejo y cantaba todas las canciones.

Durante mi niñez, escuché muy buena música: clásica, jazz, música brasileña, cubana, entre otras y gracias a esto mi formación fue muy completa; ella me enseñó a amar la música. Tuve la oportunidad de vivir momentos especiales en su carrera como los premios del concurso Adolfo Guzmán, veía todo lo que pasaba detrás del escenario, también los programas de televisión en los que participé junto a ella y los procesos de grabación de sus discos. Siempre que se podía mami nos subía al escenario y cantábamos todos juntos.

A veces llegaba de algún concierto y se sentaba en el piano de la casa y hacía una descarga cubana para sus amigos, recuerdo mucho que cantaba un bolero llamado «La montaña» y «Cómo fue». En mi carrera ha sido muy importante la figura de mi mamá; ella ama la música y es parte indispensable en su vida, cosa que ha sabido transmitirme. Me ayuda a escoger el repertorio, me da buenos consejos que para mí tienen gran importancia. Siempre me inculcó el respeto al estudio del instrumento y a tener los pies en la tierra, a ser humilde y a superarme cada día.[47]

Junto a su pequeña Evelyn García Márquez

[47] Testimonio ofrecido al autor vía correo electrónico, abril de 2019.

En los programas radiales Sorpresa Musical, Nocturno, Discoteca popular…escalan los temas Llévame de y por Alfredo Rodríguez; Salí a buscar mi felicidad, por Los Modernistas; Por favor dilo ya, Miguel Ángel interpretando a Armando Larrinaga; el internacional Mammy Blue, por la Orquesta Aragón y Me siento ausente, de Luis Rojas por Beatriz Márquez.[48]

Meses más tarde, como lo ha anunciado, Beatriz retoma las actuaciones y acompañada por Los Modernistas actúa en una gala dedicada a Bulgaria transmitida por el Canal 2 de la televisión. Allí también se presentan Los Cañas, Los Compadres, Alfredo Martínez, Marta Justiniani, María Remolá y otros. En octubre estrena otro tema del maestro Eddy Gaytán y se defiende con sus platos fuertes: «Me siento ausente», de Luis Rojas y «En el cielo de mi vida», de su papá. Casi al concluir 1972 se lleva a cabo el Festival Nacional del Creador con la presentación de 1818 obras.

En este mismo año, directivos del ICR y el CNC con la presencia de algunos intérpretes presentan en el Parque Lenin los títulos más divulgados en Cuba. Héctor Téllez resulta el mayor acumulador con tres: Frente a ti, Vive, Viviré soñándote. Le sigue con dos, Beatriz Márquez: Sería tan fácil y En el cielo…; 5U4: No bailes, Se me perdió el bastón; Elena Burke: Te doy una canción y Amor y Solfeo; Pacho y Pachucos: Las Maracas y El que siembra su maíz; Los Latinos: La mujer puertorriqueña y Bonito, lindo y por Rumbavana: Un lugar y Con un besito.[49]

Segunda vuelta al Amadeo…

Actuar en el famoso teatro habanero reporta beneficios en cuanto a la promoción y reconocimiento para los grupos y artistas de ese momento en Cuba. Aunque no todas las estrellas desfilen por allí, téngase en cuenta, sobre las tablas del Amadeo no se presenta cualquiera. Por eso representa un alto compromiso para Beatriz aquellas actuaciones.

Su segunda vuelta por el coliseo se produce el domingo 18 de marzo de 1973 y para ello «escoge un repertorio amplio, donde se combinan distintos géneros musicales dentro de diferentes

---

48. *Bohemia*, 28 de julio de 1972.
49. *Ibidem*, 29 de diciembre de 1972.

características, como son la canción latinoamericana, internacional, cubana» y reafirma su condición de ser «la intérprete joven de más posibilidades futuras de Cuba».[50]

RECITAL DE BEATRIZ MARQUEZ

CONSEJO NACIONAL DE CULTURA
TEATRO AMADEO ROLDAN
MARZO 1973

Los arreglos, dirección musical y las versiones de algunas obras internacionales que componen el recital corresponden, otra vez, a Rembert Egües. Se hace acompañar por virtuosos como: Jorge Aragón, piano; Jorge Reyes, bajo; Rembert Egües, vibráfono; Armando Galán, trompeta; Braulio Hernández, saxo alto; Ahmed Barroso, guitarra; Oscar Valdés (padre) y Roberto García también en la percusión. Colabora el grupo de percusión de la delegación provincial Habana del CNC; la producción del espectáculo corre a cargo de José Rizo y la dirección artística de Tony Henríquez.[51]

Nos interesa la observación de Quiroga quien en la sección «El sonido de la semana» de Bohemia ya se refiere a una Beatriz «mucho más segura en desplazamientos y conquista escénica» y recalca:

El capital de Beatriz es su voz, plata pura y cristal: demostrado quedó, cantando sobre fondos grabados especialmente los títulos de René Márquez, su padre. (…) Beatriz reafirmó nuestra convicción de que, en algún momento, su nombre tendrá proporciones internacionales.

Rembert Egües, dirigiendo, interpretando, arreglando, pasando del barroco al pop, a lo tradicional, completó una labor conductiva ejemplar.

[50.] Notas al programa. Recital en el Amadeo, marzo de 1973. Archivo de Beatriz Márquez.
[51.] *Ibidem.*

Está claro que tiene la intérprete en Quiroga a uno de sus mayores seguidores. Se desborda el periodista en elogios y hace vaticinios que, paulatinamente, llegarán a materializarse aunque no como debió ser.

En mayo de 1973 la presencia en Cuba del cantautor español Juan Manuel Serrat emociona a miles de admiradores en la isla. Al recorrer la ciudad de La Habana, el autor de «Mediterráneo» queda impresionado por el ambiente de la Bodeguita del Medio, por la poesía de Nicolás Guillén y por los colores que ha visto en la pintura cubana. Además, pasa «unas horas deliciosas» conversando en el hotel Riviera con los integrantes del conjunto Rumbavana y con Beatriz Márquez.[52]

Dos meses más tarde es ella una de las intérpretes que esperan colocar un tema durante el verano de 1973. De Luis Rojas canta «Anda, dímelo»; Miguel Ángel, el cuarteto Yo tú él y ella versionan (cada cual con su inconfundible estilo) el éxito chileno «Esta noche la paso contigo», grabada también por Ela Calvo.

Los Van Van de Juan Formell toman una especie de vanguardia electrónica y el grupo Irakere, con Chucho Valdés al frente, apunta alto. Para los días finales del 73 mientras en los cines habaneros se exhibe Soldado azul —una película sobre la desmitificación del oeste norteamericano— en el espacio Estudio 4 de Radio Progreso se transmite Duelo al Sol, una adaptación de Joaquín Cuartas.

La gran María Cervantes celebra su cumpleaños 88 en el espacio televisivo 12:30 y al homenaje asisten Luis Carbonell, María Remolá, Armando Pico, Frank Emilio, Alberto Joya y Eduardo Robreño. Una reseña de Pedrito Herrera refleja la «electricidad» de Moraima Secada durante su presentación en el Amadeo Roldán.

Por otra parte, la siempre exquisita Miriam Ramos planea experimentar algo con Los Van Van y ofrecer un recital donde incursionará en el campo del son, bajo la dirección musical de Juanito Torres. También se dispone a realizar algunas grabaciones en la Egrem en la que pondrá voz a números premiados en los Festivales Nacionales del Creador.[53]

[52.] *Bohemia*, 18 de mayo de 1973.
[53.] *Ibidem*, 7 de diciembre de 1973.

Del Amadeo a Polonia

Todo indica que la diva ha hecho suyo el escenario del Amadeo y el público responde al llamado: en 1974 se presenta entre el 27-28 de abril y 4-5 de mayo. Para su tercer recital pone a consideración una serie de estrenos y versiones en los que cuenta con su mano derecha y director musical, Rembert Egües y arreglistas de primera línea: Germán Piferrer, el propio Rembert, Chucho Valdés, Paquito D' Rivera, Juanito Torres y Alfredo Pérez. Casi finalizando el año, se le notifica la producción de un extended play por parte de la Egrem, el cual incluirá en la oferta un número dedicado a la capital cubana titulado «Con La Habana en mi corazón» del compositor soviético Anatoly Truzov, con música de Orlov.

Continuarán los próximos meses entre actuaciones en distintos teatros capitalinos y en la televisión incursiona en la música infantil. En 1974, por ejemplo, participa en el programa dominical Juguete, el cual solía invitar a cantantes populares de la época. Dirigido por Luciano Mesa, de diez a once de la mañana, se le vio interpretar algunos clásicos como «Los dos gaticos», «Mensajero marino», «Tía Jutía», de la inolvidable Teresita Fernández, «Los cinco deditos», y

«Los chimichimitos», este último utilizado por Cuca Rivero en su programa Los profesores invisibles de Radio Liberación.

Se le ve en Juntos a las 9 por donde desfilaron numerosos intérpretes para descargar en vivo con el siempre recordado Jorge Aragón Oropesa al piano. Pedraza Ginori evoca «el swing que cogió aquel segmento en las noches en que actuaron Beatriz Márquez y Maggie Carlés».[54]

Beatriz a mediados de los 70

59

En 1975 Rafael Somavilla, Beatriz, Miriam Ramos y Pedro Luis Ferrer integran el grupo de artistas que viajarán a Polonia para participar en el Festival Internacional de la Canción de Sopot. La encargada de representar a Cuba en la competición es Beatriz, en calidad de invitados en el concierto de gala, Miriam y Pedro Luis, y como parte del jurado el maestro Somavilla.[55]

La Egrem pone a disposición del público el LP titulado Beatriz Márquez y cumpliendo una solicitud del comité organizador del

[54.] Pedroza Ginori. Memorias Cubanas, Libro 2.
[55.] Granma, 5 de agosto de 1975.

evento se incluye la versión al español de «Mamy tylko siebie» del grupo polaco Strachynalachy adaptada por Vicente Rojas como «Solo nos tenemos a nosotros mismos». En septiembre de ese año la prensa se hace eco de los premios obtenidos en el certamen polaco. Mientras la cancionera Beatriz Márquez obtenía el primer premio en interpretación con la canción «Como cada mañana» de Armando Larrinaga, el compositor Rembert Egües también añadía un nuevo galardón para nuestra patria al ganar el primer premio en orquestación.

Egües obtuvo el premio por la orquestación de su canción «Perdóname este adiós» que ya había sido premiada en el Festival del Creador Musical celebrado meses antes. Beatriz Márquez también obtuvo una distinción por su versión de la canción polaca «Solo nos tenemos a nosotros mismos». Ahora [Beatriz] emprende una gira por la República Democrática Alemana (…).[56]

Durante su presentación en Europa, 1975

Como era de suponer y aprovechando el triunfo en Europa la Egrem no duda en editar otra versión del último LP de Beatriz consignando en su carátula el premio obtenido en Sopot. Entre los 12

[56.] *Bohemia*, 5 de septiembre de 1975.

nuevos números incluidos se encuentran: Como cada mañana, de Armando Larrinaga y Perdóname este adiós, de Rembert. En la cara A: Explícame por qué (René Márquez) y de su autoría Al verte a ti, con un corte romántico muy similar a su tradicional línea interpretativa[57] y que seguirá desarrollando en los venideros años.

En la cara B: «Perdóname este adiós», con un poético texto y una excelente instrumentación; Prefiero ser algún recuerdo (José Valladares) y Dentro de mi corazón (René Márquez), con una adecuada utilización de los elementos rítmicos cubanos en una canción romántica.[58]

LP Beatriz Márquez, *1975*

61

Gira por Angola y Venezuela

En 1976 Cuba se prepara para una reforma constitucional y una división político-administrativa. En el ambiente artístico resalta la presentación en la isla de los españoles Ana Belén y Víctor Manuel con poemas musicalizados de Nicolás Guillén.

A principios de año Beatriz graba su tercer LP, Regresa, producido por Vicente Rojas y el cual incluye: «Regresa, no más lejos de ti», (José Valladares y Ricardo Quijano); «Para no terminar» (bolero de Alberto Vera) y «Este camino largo» (canción de Juan Almeida). Más tarde viajará a Angola como parte de una delegación

[57.] *Bohemia*, 28 de noviembre de 1975.
[58.] *Ibidem*.

conformada por el grupo Manguaré, la orquesta de Elio Revé, Ela Calvo y la bailarina Mayda Limonta.

LP Regresa, 1976

En el sur de África comparten con la extraordinaria cantante sudafricana Miriam Makeba[59] y a su regreso se presenta en la televisión el domingo 12 de septiembre, a las 8:30 pm, en un recital especial donde comparte nuevamente con su padre el tema «Todo se fue».

Durante su viaje por Angola

---

[59] *Ibidem*, 25 de junio de 1976.

Destaca en aquel programa televisivo la interpretación del tema angoleño Valodia, una composición de António Sebastião Vicente cuyo texto hace alusión al asesinato por las fuerzas colonialistas de un joven, bienamado de su pueblo (…) La versión tuvo gran aceptación en Angola al igual que Masacre de Quifangondo, del mismo autor e interpretada por Ela Calvo.[60]

63

Hasta 1976, aproximadamente, Beatriz conoce y comparte escenarios con distintos artistas de fama internacional como los españoles Julio Iglesias y Juan Bau; la reconocida actriz y cantante argentina Silvana Di Lorenzo y la cantante dominicana Sonia Silvestre.

Entre los días 26 y 27 de septiembre se realiza la X Feria Internacional de la Divina Pastora en Venezuela transformado ya en el Festival La Voz de Oro de América, con la participación de 15 países y 18 intérpretes, teniendo como invitado especial y miembro del jurado al mexicano Pedro Vargas. Los 18 vocalistas ejecutaron sus temas en una forma majestuosamente estilizada, destacándose el panameño Roger Bares, la costarricense Cecilia Mitchell y la mexicana Sonia Rivas, etcétera. Además de El Tenor de las Américas participaron otros artistas en calidad de jurado, entre ellos, el chileno Carlos Anzaldo y el argentino Dino Ramos.

El evento comenzó siguiendo la secuencia de los participantes de conformidad con el sorteo ejecutado por la organización del Festival. Se calificó no solo la interpretación del cantante sino también, con

[60] *Juventud Rebelde*, 31 de octubre de 1976.

énfasis particular, la confección del arreglista. Le correspondió abrir el espectáculo a Beatriz con el tema: Este amor que se muere, de Juan Formell, tocándole cerrar el evento al dúo Jane y Heroldini, de Brasil. Los aplausos del público dejaron buen sabor a la cubanita que por primera vez representaba a la isla en el mítico Festival creado por José "Cheché" Cordero Valenzuela.

Finalizada la gira cultural en Venezuela —donde también participaron Los Van Van— se suponía que el 6 de octubre de 1976 los artistas volvieran a Cuba junto a la delegación del IV Campeonato Centroamericano y del Caribe de Esgrima. Pero a través de una llamada de última hora, (instantes inexplicables) solicitan su actuación en Panamá, por lo que se reajusta de inmediato el itinerario.

A Beatriz le correspondía el vuelo de la aerolínea Cubana de Aviación que partió de Guyana rumbo a La Habana. Los asientos destinados a la delegación cultural, integrada por los músicos de Van Van, ella y dos funcionarios, los ocuparon los cinco coreanos y 11 guyaneses que viajaban a bordo de Cubana 455.[61] Una vez hospedada en Panamá supo entonces sobre el repudiable suceso:

64

> Veía la televisión cuando dieron el reporte sobre el atentado de un avión de Cubana de Aviación en Barbados. Fue una reacción rápida: era el mismo itinerario, el horario coincidía y para reafirmarlo, el mismo tipo de avión.[62]

Entre las víctimas de aquel detestable atentado estaba Lázaro Serrano Mérida, sobrecargo de una de las tripulaciones que viajaban en esa aeronave, artísticamente conocido como Chany Chelacy y compañero en la vida de la gran intérprete Moraima Secada.

Los años finales de la década del 70 en Cuba van dejando huellas y sabores por todas partes algunas amargas, sobre todo en el campo intelectual, como analizábamos anteriormente. En marzo del 77, Beatriz se presenta en el teatro La Caridad de Villa Clara acompañada de su guitarrista Nelson Díaz y otras figuras del arte de la canción popular. En los últimos meses comienza a difundirse por la radio otro tema que alcanza el primer lugar en las listas de éxitos: «Mejor concluir», de Juan Almeida y que entre la gente se

---

[61.] *Ibidem.*
[62.] *Ibidem.*

conoce como «No me grites». Se lo dirá una persona a la otra, en tono jocoso, cuando alza la voz demostrando que «no hay por eso más razón en lo que dices».

> ¡Ah, cantante estelarísima,
> diré, si me lo permites,
> de tu voz, y con muchísima
> emoción: ¡"Musicalísima"!,
> dedícame "No me grites"!

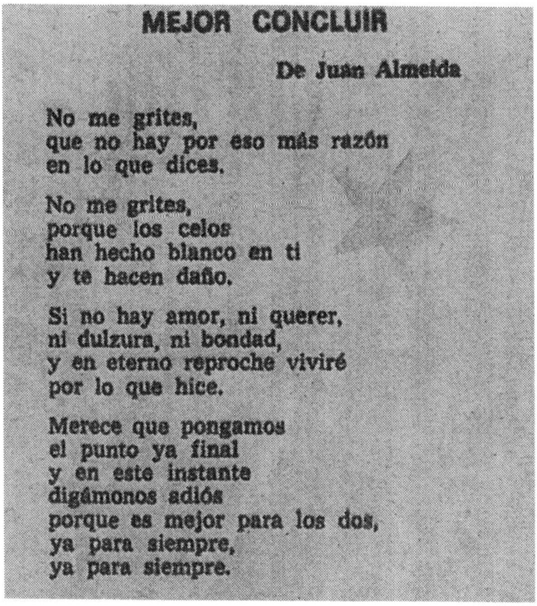

MEJOR CONCLUIR

De Juan Almeida

No me grites,
que no hay por eso más razón
en lo que dices.

No me grites,
porque los celos
han hecho blanco en ti
y te hacen daño.

Si no hay amor, ni querer,
ni dulzura, ni bondad,
y en eterno reproche viviré
por lo que hice.

Merece que pongamos
el punto ya final
y en este instante
digámonos adiós
porque es mejor para los dos,
ya para siempre,
ya para siempre.

Mongo P.[63]

Letra de la canción «Mejor concluir» de Juan Almeida. Recorte de prensa

El número formó parte del LP Beatriz Canta a Juan Almeida publicado en 1978. El material diseñado por Pablo Labañino fue impreso en los talleres del combinado poligráfico de Guantánamo con el texto de las canciones en inglés y español, todo ello a propósito del XI Festival Mundial de la Juventud y los Estudiantes. La producción y orquestación corrió a cargo de Vicente Rojas y entre

---

[63.] *Bohemia*, septiembre de 1978.

otros títulos aparecen las nuevas versiones de Es soledad, Tú, inolvidable y Yo no te olvido. Nuevos éxitos como: Mejor diciembre, Quisiera enamorarme, Te vine a preguntar y la ya conocida Este camino largo.[64]

Portada LP Beatriz canta a Juan Almeida, *1978*

A principios de 1978 (simultáneamente con el LP) se publica el 45 rpm con los temas «Cuando el amor llegue a ti», de la propia Beatriz y «Pólvora mojada», la popular canción de Rafael Pérez Botija popularizado en España y otros países hispanos por Pablo Abraira y que en la isla se tararea hasta el cansancio.

Porque en la llama del amor, no existe pólvora mojada, ¿quién no la cantó?

El músico que faltaba y Havana Jam

De su relación amorosa con José Maza Valdés nace el 16 de marzo de 1978 Joe Michel Maza Márquez. Como sucedió con su hermana, Michel desarrollaría sus dotes artísticas. Aprende a tocar el piano con tan solo mirar a su madre, cuentan, y con ella también empieza a cantar.

Es una responsabilidad muy grande ser su hijo y también seguir el camino de la música. Todo lo que he aprendido,

---

64. *Juventud Rebelde*, 29 junio de 1978.

toda la buena música que escuché desde mi niñez, absolutamente todo, se lo debo a mi madre. Aunque me identifico con otros géneros y estilos, indiscutiblemente la huella de mi mamá está presente. Somos una familia musicalísima.[65]

Beatriz durante el embarazo de Michel

67

Durante casi todo el año 78 Beatriz se concentrará en los cuidados que exige Michel, aunque esto no impide su presentación en tele musicales como Juntos a las 9. Al ubicarse entre las cantantes más populares de Cuba y por las grandes ventas de los discos Regresa (1976) y Beatriz canta a Juan Almeida (1978) la Egrem confiere por

---

[65] *Michel Maza Entrevista con el autor. Noviembre de 2021.*

primera vez un Disco de Plata, conocidos también como Premios Egrem, hasta convertirse en el popular Premio Cubadisco.[66]

Michel demostró sus aptitudes para el canto desde los primeros años

Del viernes 2 al domingo 4 de marzo de 1979 se realiza en el teatro Carlos Marx el primer gran encuentro musical entre Cuba y Estados Unidos: HavanaJam, organizado por Columbia Broadcasting System y el Ministerio de Cultura de Cuba.

Relevantes figuras de la escena internacional como Johnny Pacheco, Héctor Lavoe, la Orquesta CBS Jazz All Stars, Mike Finnigan, Rita Coolidge, Billy Joel… comparten con artistas cubanos de la talla de Changuito Quintana, el grupo Irakere, Sara

[66.] Según la musicóloga María Teresa Linares «la reproducción por la radio nacional de los discos grabados y a través de presentaciones en programas televisivos llevó a la dirección de la Egrem a organizar un Premio Anual para aquellos que lograran un mayor éxito por su calidad y por la anuencia de los oyentes. En estos concursos, alcanzaron premios todos los discos que, calificados por una Comisión, tuvieron la más alta puntuación. Los premios se seleccionaban a partir de su categoría musical y de su calidad comprobada. Así hubo muchos muy bien adjudicados que se consideran hitos de la música cubana. (…) El Premio Egrem constituyó un estímulo importante para la creación y edición de un disco. Se premiaron varias categorías, según la producción que se realizaba y se alcanzaron grandes éxitos. Este certamen se extendió por varios años, alcanzó fama internacional y ha resultado ser un gran estímulo para todos los artistas». Ver: «La Egrem cumple 45 años» por María Teresa Linares en *Clave*, 2009.

González, integrantes de la Nueva Trova, la Orquesta Aragón y otros.[67] Si hubo algún momento de unión, recuerda Guille Vilar, ocurrió en la pieza del cierre cuando Irakere invitó a los visitantes a descargar con ellos.

Por alguna inexplicable razón Beatriz «desaparece» del listado oficial, perdiendo así la oportunidad de participar en un encuentro que facilitó la interacción entre creadores de ambas orillas, estableciendo un diálogo musical que se hacía necesario desde varias décadas atrás.

No obstante, Beatriz continúa con su agenda y participa por primera vez, entre 24 finalistas, en la segunda edición del Concurso Adolfo Guzmán con el tema de Octavio Rodríguez titulado Un nombre para amar. En el mismo 1979 veinte mil jóvenes la eligen como la más popular, seguida muy de cerca por Farah para un cancionero.

69

Beatriz y su pequeño Michel Maza Márquez

67. Pedraza Ginori. *Memorias Cubanas*, Libro 2.

EN EL LATIR DE UNA CANCIÓN

Viaje a Colombia, la experiencia en Buga

En 1980 por primera vez Cuba es representada en la quinta edición del Festival Internacional de la Canción en Buga, una de las ciudades más antiguas de Colombia. Allí nuestra Beatriz obtiene el Primer Premio entre otros 16 participantes latinoamericanos y[68] con obras de Michel Legrand deja sorprendido al público y a la prensa. La acompañan el flautista Eduardo Proveyer[69] y el joven pianista Gonzalo Rubalcaba quien al cabo de los años rememora su primera experiencia profesional fuera de Cuba.

Tendría entonces 17 años, un adolescente prácticamente, estaba empezando a vivir, y Beatriz Márquez que entonces gozaba de una popularidad y reputación artística enorme, me llama para formar parte de una banda que la acompañaría en Colombia. Esa presentación no solo contemplaba conciertos, también la participación de Beatriz en un concurso en Buga por tanto, había que hacer algunas orquestaciones y arreglos. También nos acompañaba el Conjunto Rumbavana con Joseíto González.

Recuerdo que era una Colombia convulsa porque había social y políticamente una realidad que permitía ver a los manifestantes en acción. Lo más importante fue que en el Festival de Buga, Beatriz se alzó con el primer lugar y creo recordar que se me hizo un reconocimiento con respecto a la orquestación.

Se produjo una situación tensa cuando anunciaron que Beatriz era la ganadora ya que era la única representante de izquierda y algunos intentaron atacarnos, golpearnos...

[68]. *Juventud Rebelde*, 10 octubre de 1980.
[69]. *Ibidem*, 23 de julio de 1980.

70

fue muy desagradable. Esta fue una experiencia que se me quedó grabada como todos los momentos que se producen por primera vez: fue definitivamente mi primera experiencia profesional fuera de Cuba.

El aporte de Beatriz Márquez es gigantesco, mucho más de lo que pueda reconocer las generaciones más jóvenes o de lo que se pueda decir. Beatriz no es solo una cantante, es un músico y esta es una condición que no está presente en todos. Definitivamente ese ingrediente en cuanto al manejo de las armonías, de sentarse en un piano y poder acompañarse a sí misma, tener conciencia armónica, conocimiento... por supuesto que le abren las puertas a ella o a cualquier otro cantante, le permite libertades, precisión... Tiene una dicción clarísima, contiene dulzura, extremadamente afinada, muy musical, tiene todo lo que un cantante debe y quisiera tener...

Gozó también de poder escoger un repertorio que incluye varios temas que fueron muy populares y con los que se identificaron muchos cubanos. Beatriz creó un estilo, una forma de decir la canción, inconfundible. No necesita cantar una canción en su totalidad, emite un sonido y sabes que se trata de Beatriz. Es una referencia obligatoria para muchísimos artistas y sobre todo cantantes cubanos fuera y dentro de la isla. La capacidad y la calidad de Beatriz van más allá del contexto nacional. Podemos valorar su calidad si aún no conociéramos el español, eso es lo que hace superior a un cantante.

Me alegra mucho que ella esté entre nosotros y todavía conserve la voz, el deseo de cantar en todas sus capacidades; creo que los más jóvenes son muy afortunados de poder tener a Beatriz ahí, sobre todo en Cuba, al alcance. Ella es una persona asequible a todos, humilde, dulce, cariñosa, amena y creo que siempre está dispuesta a la colaboración.

Tiene pleno conocimiento de dónde está el valor, la calidad, la frescura, el atrevimiento de ciertos músicos. Me siento muy afortunado, agradecido de que en mis comienzos haya tenido tal experiencia y tal referencia me ha servido y me sigue sirviendo. He trabajo con muchísimos cantantes y es innegable que la experiencia de trabajar con Beatriz fue toda una escuela que he podido más tarde aplicar en mis colaboraciones con otros artistas.[70]

De la *desaparición* de un disco a la docencia

A inicios de la década de los ochenta quienes disfrutaban en la voz de Beatriz el tema «Usted no sabe lo que quiere» de José Valladares, desconocían que se trataba del único número rescatado del LP Musicalísima (sello Egrem), producido y orquestado en su totalidad por Ricardo Eddy (Edito) Martínez. Las posibles respuestas sobre la evaporización de aquel LP las podemos encontrar, tal vez, en el polémico contexto de entonces: la salida de cubanos por el Puerto de Mariel, de donde también partió Edito. Todo aquello provocó que los «responsables» de conservar y difundir dichas grabaciones decidieran borrar la matriz.

72

[...]
¿Por qué razón
anda buscando usted que yo le deje?
¿Qué conveniencia a su favor de usted
si yo le olvido?
Hablemos claro sin temor,
estoy pensando mal de usted,
quiero acabar con estas dudas de una vez.

Ante la necesidad de conformar una agrupación para sus presentaciones, Beatriz convoca a varios amigos que acuden al llamado, aunque el entonces jefe de todas las empresas artísticas se opusiera a la idea. El músico Rey Montesinos recuerda muy bien cómo sucedió.

Hablé con la compañera Alicia Perea, que acababa de ser nombrada presidenta del Instituto de la Música Cubana, organismo de nueva creación que regiría todo el mundo musical cubano, y coincidió conmigo en formar la

---

70. Testimonio ofrecido al autor vía WhatsApp, 28 de enero de 2020.

agrupación que Beatriz quería, y me autorizó.

Al «señor jefe mío» no le cayó muy bien, y por cosas como aquellas renuncié cuando llevaba año y medio al frente de esa empresa. Por suerte ya Beatriz había logrado su objetivo.[71]

Estos fueron algunos de los músicos y técnicos que acompañaron a Beatriz en las distintas etapas del grupo: Antonio Germández Márquez Duarris (administrador / percusionista).

- Gabriel Hernández (pianista)
- Eduardo Proveyer (saxofonista)
- Raúl Cárdenas Goiburo (percusionista)
- Lázaro Julián Chang González (pianista)
- Antonio Guillén Velasco (bajista)
- Ruy López-Nussa (percusionista)
- Eduardo Antúnez (director musical)
- Armando Gola (guitarrista)
- Juan Carlos Abreu (batería)
- Roberto Menéndez (bajo)
- Santiago Gaínza (percusión)
- Tirso Roce (saxo)
- Utileros: Enrique Casamayor Pérez y Ángel Delgado Morales. Como técnico de audio: Enrique Onis Téllez.[72]

Casi todo mi tiempo lo dedico a la música, a ensayar… Para un artista es fundamental informarse, ponerse al día de lo que ocurre en otros lugares del mundo. La música, como la vida, es dinámica y hay que marchar con ella. El formar este grupo, que ahora me acompaña, ha sido de mucho estímulo para mí.[73]

Son tiempos artísticamente ajetreados para Beatriz, quien en medio de todos sus compromisos imparte Técnica vocal y repertorio en la Escuela de Superación Profesional Ignacio Cervantes. Algunos

73

---

71. Testimonio ofrecido al autor vía correo electrónico, 15 de mayo de 2019.
72. Nómina del grupo disponible en Museo Nacional de la Música. Consultado el 8 de julio de 2019.
73. Beatríz Márquez. Revista *Muchacha*, julio de 1983.

de sus alumnos desarrollarían una admirable carrera como sucedió con la cantautora Albita Rodríguez; José Luis Arango; Orestes Roque, Puchungo y Ariel Cumbá, este último cantante, bailarín y transformista quien exitosamente ha recorrido escenarios de Estados Unidos y España.

Beatriz con algunos integrantes de su grupo. Recorte de prensa

Estando en Tropicana como cantante nos mandaban a la Escuela de Superación Profesional Ignacio Cervantes de La Habana y allí tomé clases con muchos grandes artistas cubanos: Argelia Fragoso, Luis Carbonell y Beatriz Márquez. Betty impartía clases de canto justo a las diez de la mañana. Un buen día entré al aula y estaba frente al piano: quedé impactado. Me hizo cantar y fue uno de los momentos más dulces de la escuela. Esa señora, a esa hora de la mañana, cantaba como si fueran las doce de la noche. Las clases fueron muy fructíferas. Es una profesora dulce explicando todo lo relacionado con la respiración, colocación de la voz… Años después, cuando regresé a Cuba, quería que estuviera en mi concierto pero ya tenía otra presentación planificada y no pudo ser. Amo a Beatriz, es un referente de la música y la canción cubana.[74]

74. Ariel Cumbá. Testimonio ofrecido al autor vía correo electrónico, 19 diciembre de 2019.

Con la cantante y compositora Albita, una de sus alumnas en la Escuela de Superación Profesional Ignacio Cervantes

En 1980 Beatriz actúa con Elena Burke y el Conjunto de Roberto Faz en un show del Salón Rojo del Hotel Capri. Se presenta en el Caribe del Habana Libre y cumple con una temporada en Arcos de Cristal del famoso Tropicana.

Guzmán 80… la polémica

Probablemente fue uno de los momentos más emocionantes en la carrera musical de Beatriz Márquez. Su participación en el Concurso Adolfo Guzmán de 1980 todavía provoca marejadas de comentarios a favor o en contra. Según Pedraza Ginori, para aquella tercera edición del Guzmán no se estableció una cantidad fija de obras finalistas, de tal modo que el jurado podía determinar el número de ellas, con un mínimo de veinte y fueron elegidas veintiuna. Algunas de ellas fueron:

- «Amanecer de una verdad» de y por Lourdes Torres. Orquestación: Tony Taño
- «Amar, vivir» de Rembert Egües, a cargo también de la orquestación y defendida por Beatriz Márquez

- «Buscando ciudades donde amar» de Donato Poveda y por Pablo Milanés. Orquestación: Eduardo Ramos
- «Para Bárbara» de Santiago Feliú y por Silvio Rodríguez. Orquestación: Frank Fernández
- «Son para un sonero» de Adalberto Álvarez, también orquestador y defendida por Conjunto Son 14 con el cantante solista Eduardo (Tiburón) Morales
- «Tonada y feeling para un caminante» de Andrés Pedroso y por Sara González. Orquestación: Francisco (Pancho) Amat

Cada una de las 14 provincias y el municipio especial Isla de la Juventud eligieron un representante. Los galardones fueron decididos por 15 jurados ubicados en todo el territorio nacional. Pudieron competir grupos musicales, se potenció la presencia de cantantes del género lírico, se hizo hincapié en la difusión de obras poco conocidas del maestro Adolfo Guzmán, las canciones finalistas se grabaron en los estudios de la Egrem, bajo la producción Miguel Patterson y se pusieron a la venta en dos discos de larga duración. El jurado que evaluó las obras presentadas quedó conformado por:

- Miguel Patterson (director, orquestador, fagotista y presidente del Jurado)
- Enriqueta Almanza (autora, pianista, orquestadora)
- Rolando Baró (pianista, orquestador)
- Enrique Bonne (autor)
- Osmundo Calzado (director y orquestador)
- Frank Fernández (pianista)
- Frank Emilio Flynn (pianista)
- Joseíto González (pianista, orquestador y director del Conjunto Rumbavana)
- Pablo Milanés (autor e intérprete)
- Silvio Rodríguez (autor e intérprete)
- Rosendo Ruiz (autor)
- Rubén Uribarres (director, orquestador)
- Marta Valdés (autora e intérprete)
- Sergio Vitier (guitarrista, autor y orquestador)

Se recibieron en el concurso 3885 obras, 1149 más que en 1979 y 2723 más que en 1978.[75] El 22 de octubre de 1980 se realizó la primera jornada con la participación de varios artistas, entre ellos Luis Téllez, Mayra Caridad Valdés, Beatriz Márquez, Miguelito Cuní y Félix Chappottín. El espectáculo quedó inaugurado con la voz y la imagen de Bola de Nieve cantando «No puedo ser feliz», de Adolfo Guzmán y el segmento dedicado al género lírico lo protagonizó María Remolá.

Sostiene Pedraza Ginori que el gran impacto de la noche fue la balada «Amar, vivir» la cual competía como finalista. Beatriz y Rembert pusieron de pie al público y recibieron una ovación extraordinaria que comenzó antes de que finalizara la actuación.[76]

Días después se daba a conocer que el Gran Premio, otorgado por votación de los 15 jurados territoriales recaía en el trío Los Príncipes (Sancti Spíritus) y el Premio a la Mejor Orquestación otorgado por los músicos de la Gran Orquesta del Concurso era para Rembert Egües por su tema «Amar, vivir», defendido por la Márquez. Obtuvo la tercera mención del jurado «Son para un sonero», de Adalberto Álvarez, por el Conjunto Son 14. Segunda mención del jurado y premio de la revista Opina: «Para Bárbara» de Santiago Feliú, por Silvio Rodríguez.

Primera mención del jurado y premio de la popularidad: «Amar, vivir», de Rembert Egües, por Beatriz Márquez y tercer premio: «En la tierra, en las espigas», de Carlos Alfonso y por el grupo Síntesis. Segundo Premio: «Dejando que hable el corazón», de Sergio Morales, por Fernando Álvarez. Primer Premio: «Mi tambor y yo», de Santiago Gaínza, por Miguelito Cuní y Félix Chappottín. Gran Premio, Premio de la revista El Caimán Barbudo y Premio Extraordinario: «Tonada y feeling para un caminante» de Andrés Pedroso e interpretada por Sara González.

Para entender lo que sucedió en aquella gala final nos resulta imprescindible el testimonio del propio Pedraza Ginori quien tuvo a su cargo la dirección del espectáculo:

Ya el miércoles, cuando se cantó en competencia, la canción de Egües había levantado pasiones y grandes

[75] Pedraza Ginori. *Memorias cubanas.*
[76] *Ibidem.*

aplausos en el teatro. Poseía una melodía pegadiza, una cuidada letra y un arreglo muy bien armado por Rembert que logró impactar no solo en la audiencia sino también en los músicos de la orquesta que le concedieron el Premio a la Mejor Orquestación. Ni el jueves, ni el viernes, ni el sábado apareció otra canción que le hiciera sombra. Todo el mundo con quien hablé apostaba por ella como ganadora. (…) Desde el Guzmán 1978 se había establecido como rutina de la última jornada que las canciones del palmarés se fueran interpretando a medida que se anunciaban y premiaban, por riguroso orden de jerarquía de menor a mayor. Según esta pauta, La Noche de las Premiaciones debía terminar con la canción ganadora del Gran Premio de la Radio y la Televisión. (…) Cuando llegó el turno de la primera mención mandé a la presentadora a que dijera que había recaído en «Amar, vivir». No anunciamos que había ganado también la votación popular. Pasó lo que pensé que iba a pasar. El teatro en pleno protestó la decisión del jurado.

Beatriz la cantó entre silbidos y expresiones de enfado que llegaban del lunetario. Cuando finalizó, la ovación fue enorme. El autor y la intérprete tuvieron que saludar varias veces. En ese momento, yo tenía dos posibilidades: informar inmediatamente que «Amar, vivir» había obtenido el Premio de la Popularidad o dejar el anuncio para el final de todo y (…) hacer que el tema obtuviera su momento estelar al cantarse por segunda vez como cierre del espectáculo. Elegí la segunda opción. (…)

Cuando terminaron los aplausos, por cierto numerosos, que se llevaron Pedroso y Sara y antes de que el público se marchara, la presentadora anunció que «Amar, vivir» había obtenido el Premio de la Popularidad, se le entregó el trofeo a Egües que agarró el micrófono, agradeció a la gente su votación y pronunció unas palabras que pusieron el ambiente más caldeado de lo que ya estaba: "El mejor jurado que un artista puede tener es el pueblo". Agarró la batuta y comenzó a dirigir la orquesta en medio de una ovación que estremeció al Carlos Marx. La Musicalísima se puso a cantar como nunca.[77]

Beatriz y Rembert Egües. Recorte de prensa

José Ramón Artigas, otro conocedor del espectáculo como Ginori, coincide con la decisión tomada por el director.

Pedraza Ginori dotó a este país del Concurso Adolfo Guzmán el cual estuvo muchos años marcado por la polémica. El 99,99 % del pueblo de Cuba vio ganar a Beatriz Márquez de la mano de Rembert Egües con «Amar, vivir» en el Guzmán 80 y la vio también con «Polvo de quimera». Lo que pasa es que los envidiosos llamaban a Rembert, "Legrand Egües". ¡Qué tonterías estaban diciendo los envidiosos! Como ese año el tema de Rembert fue Premio de la Popularidad, Ginori lo dejó para cerrar y le costó salir expulsado del Guzmán por no haber terminado con el Gran Premio. Con perdón de los elitistas, el jurado más respetable es el público.[78]

Al finalizar 1980 algunos programas de la televisión se imponen en la preferencia del público como sucedió con Buenas tardes el cual enrumbaba seguro camino y volvía a colocarse en preferido lugar en el sentir juvenil.

[77.] *Ibidem.*
[78.] Testimonio ofrecido al autor en mayo de 2019.

Recital cambiaba en contenido para su bien y mejoraba la forma expresiva. Juntos a las 9 se veía en busca de sendas mejores, pero todavía no lograba consolidarse, mientras Te doy una canción y Álbum de Cuba mantenían su calidad. Para bailar, con altas y bajas, seguía jugando un rol en la formación de los jóvenes y los hacía emplear el tiempo libre en ese sano esparcimiento.[79]

El II Festival Internacional del Nuevo cine latinoamericano marca el hito más alto de la actividad cinematográfica en Cuba durante 1980. El Noticiero Icaic latinoamericano celebraba sus 20 años de quehacer trepidante e innovador y llegaba a su edición mil a finales de diciembre.

Quinto LP y su encuentro con Moncho

En 1981 ya existen en Cuba más de cien casas de cultura y en el campo de la música el país recibe cerca de diez premios internacionales. Para entonces se han realizado casi trescientos espectáculos y el concurso Adolfo Guzmán nuevamente constituye el horizonte de las corcheas. Además de situar números en el mercado gustativo y rendir homenaje a hombres y hechos de la música cubana, el Guzmán sirve para sacar a flote lógicas e ilógicas contradicciones en el desarrollo del ámbito musical del patio.[80]

La comisión organizadora anuncia que para octubre de ese año volvería el famoso concurso y señala cambios en la convocatoria: las obras llegarán al jurado bajo el anonimato de sus autores y se aceptarán instrumentales. En la radio todavía se escuchan entre otros temas: «Amar, vivir» y «Tonada y feeling para un caminante».

La Egrem entrega a diferentes agrupaciones y solistas cubanos el Disco de Plata correspondiente a 1980. Lo recibe Celina González por su meritoria labor en la música folclórica campesina; Son 14 por su disco A Bayamo en coche (género popular) y otros. En 45 rpm los discos más demandados fueron los de Beatriz y Osvaldo Rodríguez y se anuncian para mayo la salida al mercado de otros discos de 45 rpm en la capitalina Plaza de Armas en homenaje al día de las madres con veinte grabaciones que incluyen a solistas

[79] *Bohemia*, enero de 1981.
[80] *Ibidem*.

y agrupaciones como: Son 14, Osvaldo Rodríguez, Sergio Farías, Beatriz Márquez, Omara Portuondo, Manolo del Valle…

Desde marzo del 81 se realizan en el Carlos Marx una serie de shows llamados Lunes para la juventud, animados casi siempre por Carlos Otero y Ana Lidia Méndez. Los Lunes… se convirtieron en la casa artística de Mirta Medina, Alfredito Rodríguez, Annia Linares, Amaury Pérez Vidal, Los Van Van, Adalberto Álvarez, Beatriz Márquez, Arturo Sandoval, María de Jesús, Los Amigos, el ballet de la Sociedad Rosalía de Castro y Sergio Farías…[81]

En julio llega el espectáculo Gala 81 y los recitales de Amaury Pérez Vidal, Osvaldo Rodríguez, Beatriz Márquez, entre otros, son acogidos con placer «por un público que llenó siempre la platea del teatro Miramar».[82]

En imparables actuaciones, Beatriz y su grupo se presentan en el teatro Astral para ofrecer allí un mini recital como prueba de su envidiable posicionamiento, no solo por su calidad vocal sino también en su proyección escénica.[83]

A finales de 1981 la playa azul de Varadero reúne otra vez a importantes exponentes de la música nacional y extranjera. La delegación cubana la componen destacados solistas y colectivos artísticos de gran popularidad. Una comisión integrada por Odilio Urfé, Armando Romeu, Tony Taño, Osmundo Calzado y Olavo Alén seleccionan a cerca de doscientos artistas: Los Van Van, Pacho Alonso, Chappottín, Rumbavana, Pello el Afrocán, Algo Nuevo, Yaguarimú, Irakere, Arturo Sandoval y su grupo, Manguaré, Tata Güines, Sierra Maestra…

Como solistas eligen a Elena Burke, Omara Portuondo, Rosita Fornés, Farah María, Sara González, Caridad Cuervo, Beatriz Márquez, Miriam Ramos, Argelia Fragoso, Silvio Rodríguez, Pablo Milanés, José Antonio Méndez, Amaury Pérez, Osvaldo Rodríguez, Héctor Téllez y Manolo del Valle.[84]

En el marco de este Festival sale al mercado su quinto LP titulado El motivo de vivir.

[81] Pedraza Ginori. *Memorias Cubanas*. Libro 2.
[82] *Bohemia*, 24 de julio de 1981.
[83] *Tribuna de La Habana*, 24 de octubre de 1981.
[84] *Bohemia* del 23 de octubre de 1981.

Portada *LP* El motivo de vivir, *1981*

Uno de los invitados especiales al Festival Internacional Varadero 81 sería el español Ramón Calabuch Batista, conocido artísticamente como Moncho y quien años atrás había visitado la isla. En aquella oportunidad Moncho compartió el escenario con distintos intérpretes cubanos entre ellos Beatriz, por quien el barcelonés demostró profunda admiración.

A tono con Varadero 81 en el mes de diciembre se realizan tres espectáculos en el teatro Carlos Marx. La Orquesta Cubana de Música Moderna (OCMM) bajo la dirección de los maestros Tony Taño y Osmundo Calzado demuestra la calidad probada de todos sus integrantes. En una de aquellas presentaciones la OCMM acompaña a Moncho quien solo tenía montados cuatro números, pero el público no se cansó de reclamar otra interpretación.

Según una reseña del periodista Enrique Capetillo publicada en Bohemia, Moncho se aventura a cantar otros números que lo llevan a afirmar públicamente: «Con unos músicos de esta categoría voy tranquilo hasta el fin del mundo».[85]

En aquellas agotadoras jornadas actuaron la brasileña Denis de Kalafe, Son 14, Fania All Stars, de Estados Unidos; Irakere, Silvio Rodríguez, Chico Buarque y el cuarteto MPB4. En cuanto a Beatriz se dice que:

> (...) fue la sonoridad de la noche. Derroche de lo que
> es cantar bien. Con ella las notas no bailan en forma

85. *Bohemia*, 11 de diciembre de 1981.

desordenada. Cuando nuestra gran cancionera interpreta cada timbre alcanza su más exacta valoración.[86]

Una semana después, Bohemia divulga una entrevista realizada al Gitano del Bolero donde el artista se refiere a la grabación de un LP con la Egrem. Al hacer algunas valoraciones sobre el Festival Varadero 81, afirma:

> ... me voy a referir a dos figuras y a una orquesta vuestra que me impresionaron. En esta visita a Cuba he encontrado a una Beatriz Márquez escénicamente más hecha y madura, tal y como requiere su condición de cancionera excepcional. Me agradó mucho Manolo del Valle por su fraseo y sobriedad en el bolero. De igual modo, me quedé con la boca abierta cuando vi actuar y escuché al conjunto Todos Estrellas. Me permito hacer una sugerencia: deben viajar al extranjero y grabar. Esa realización no puede quedarse en el recuerdo.[87]

Aun sin apagarse los ecos de Varadero 81 se anuncia el concurso Adolfo Guzmán de ese año a realizarse entre el 23 y el 27 de diciembre en el Carlos Marx. Los espectáculos duran tres horas como máximo y figuras como la actriz Miriam Mier (en la conducción), Argelia Fragoso, Xiomara Laugart, Alfredo Rodríguez y Osvaldo Rodríguez reciben un reconocimiento por sus logros internacionales.

Las famosas galas del Guzmán tienen a Omara Portuondo como figura central; otra es dedicada al bolero, el son, los bailadores y la orquesta Aragón celebra su aniversario 40. En una de estas jornadas Beatriz se une a las extraordinarias Elena Burke, Amelita Frade y Farah María para interpretar como parte de un homenaje a Juan Almeida el icónico tema «La Lupe». El montaje de las voces corrió a cargo del maestro Luis Carbonell.

En agosto de 1983 aparece un extenso artículo en el magazine Opina[88] donde Beatriz, retratada por el mundialmente

83

86. *Ibidem.*
87. *Ibidem,* 18 de diciembre de 1981.
88. *Opina*, agosto de 1983. Biblioteca Nacional de Cuba.

conocido Alberto Korda, se refiere a nuevas composiciones, gustos y preferencias.

Foto tomada por Alberto Korda para la revista Opina

(…) en las letras de mis canciones están mis sentimientos y emociones vividas. Si yo no fuera tan sentimental e inquieta, aunque supiera música, no sería lo que soy (…) a veces pienso que soy más músico que cantante. Lo primero que hago es la música, después le pongo la letra.

Se muestra complacida por su gira en países de la extinta Unión Soviética, España y Polonia y «aspira» a recuperar la cima de la popularidad.

Trato de grabar rápido y pienso hacer algunos programas de televisión. Hacía dos años y medio que no grababa. Pero ahora estoy en un long playing con Rembert Egües que estoy convencida gustará muchísimo.

Después de seis años de existencia, el concurso Adolfo Guzmán genera opiniones diversas pero nadie niega «el rol que desempeña en la búsqueda de números de autores cubanos».[89] La edición acoge una veintena de composiciones donde La Musicalísima defiende «Cuando conozcas el amor» de Egües, llevándose a casa el Primer Premio y Premio de Orquestación para Rembert. En los meses venideros se le verá por distintos escenarios del país, en numerosas galas y festivales. En el Guzmán 84 defiende un difícil tema de José Amer Rodríguez titulado «Una Alegoría» con arreglos sinfónicos a cargo de R. Egües, obteniendo ella una mención y él Premio de orquestación.

En 1985 participa en el Tercer Festival Nacional de Música Popular Benny Moré al lado de Elena Burke, Argelia y Guillermo Fragoso, Miriam Ramos... y en el mes de julio aparece entre los intérpretes que participarían en el Festival Gala 85, donde tiene lugar el estreno de seis temas que alcanzarán inmediatamente reconocimiento nacional.

Allí se escucha por primera vez «Te conozco» de Silvio Rodríguez en la voz de su hermana Anabell López; «Farandulero», de Osvaldo Rodríguez e interpretado por él; «Y vivo», de Alberto Vera, a cargo de Annia Linares; «Amor, regresa a tu lugar», de Vicente Rojas y Ariel Fontana, por Beatriz Márquez y Vicente; «Yo necesito más», de Amaury Pérez, defendida por una de sus intérpretes más fieles, Mirtha Medina y «Lo que te dice un guajiro», de Juan Almeida y con la orquesta Los Van Van.[90]

Un mes después, con el esencial apoyo musical de R. Egües, la Orquesta Sinfónica Nacional dirigida por Duchezne Cuzán y la magia de la trompeta maravillosa de Arturo Sandoval se estrena la película Vampiros en La Habana de Juan Padrón, quien logra un animado de ciento diez minutos para adolescentes y mayores que romperá taquillas. Las voces de Frank González, Manuel Marín, Irela Bravo, Carlos González, Mirella Guillot, Carmen Solás son fundamentales.[91]

85

[89.] *Bohemia*, 23 de diciembre de 1983.
[90.] *Ibidem*, 19 de julio 1985.
[91.] *Ibidem*, 2 de agosto de 1985.

Una canción... para mi padre

En enero de 1986 se anuncia el debut de Consuelo Vidal en las tablas en una obra arriesgada a sus 41 años de vida artística. En la pieza de Nelson Dorr titulada La otra vuelta al mundo la popular animadora de televisión actúa, canta y baila.[92]

Cinco discos editados entre 1984 y 1985 obtienen los Premios Egrem. Silvio Rodríguez con la placa Tríptico gana el Gran Premio por el éxito nacional del disco. Otros galardonados son Los Van Van de Juan Formell, Arturo Sandoval y Dizzy Gillespie.

Durante este año la televisión cubana transmite la telenovela Un bolero para Eduardo, con guion de Abraham Rodríguez, dirigida por Silvano Suárez y con las actuaciones principales de Mario Balmaseda, Susana Pérez, Zaida Castellanos e Isabel Santos, entre otros. Sobre esta experiencia declara a la revista Opina: «Es la segunda vez que me desempeño como vocalista de una novela. La primera fue en el espacio Horizontes con la interpretación de Sería tan fácil, de Luis Rojas que por cierto, incorporé a mi repertorio».

La historia, sus personajes y la banda sonora creada por Demetrio Muñiz hicieron que la novela gozara de numerosos seguidores en Cuba. En marzo de 1986 el periódico Tribuna de La Habana publica un amplio artículo de la periodista Ada Oramas titulado Una nueva Beatriz, con el propósito de compartir distintos puntos de vista de la famosa intérprete.

—¿Qué siente cuando canta?

—Siento que vivo.

—¿Cómo surgen las canciones en su inspiración?

—Creo que las más logradas son aquellas en que me inspiro en una situación propia. Por ejemplo: Busco nuevamente mi sentir y Se perdió nuestro amor.

—¿Ha escrito poemas?

—Nunca. E incluso en las canciones, casi siempre creo primero la melodía y luego escribo la letra, porque en mí predomina la música. Pero algún día me gustaría un poema que tuviera música interior.

—Y de sus hijos, ¿qué podría decirnos?

—Tengo dos hijos y estoy muy contenta con ellos. Parece que van a seguir la tradición musical. Evelyn está en sexto año de piano,

---

[92] *Ibidem*, 24 de enero de 1986.

en el conservatorio Manuel Saumell, y Michel comienza este año, también en el conservatorio.

Beatriz señala su interés por realizar en ese momento una gira nacional y sostiene que la mayor ilusión es seguir con el respeto y cariño del pueblo, continuar superándose ante el trabajo y la vida.[93] En el 86 se realiza otra edición del concurso Adolfo Guzmán y René Márquez, combatiendo el dolor de la enfermedad, vive sus últimos días. En medio de aquella compleja situación, Beatriz compone «Despídete de todo mi existir» conocido también como Tristeza y grabado originalmente por Annia Linares para el disco A mi nueva manera. La canción más conocida de su cosecha autoral, será interpretada más tarde, por artistas de la talla de la diva Omara Portuondo, Sara González, Héctor Téllez y Sory.

Tristeza,
yo quiero que te alejes de mi vida…

Para el Guzmán de 1986 Beatriz defiende la pieza «Una canción para mi madre» de la joven compositora pinareña Miriela Mijares Márquez, quien con solo 18 años gana el Premio de la Popularidad con 419 972 votos.[94] El siguiente relato de la propia Miriela nos traslada a esas jornadas de dolor para la Márquez.

Unos días después de terminar el Concurso, se hizo un programa especial por la televisión con el análisis de cada interpretación, así como de las particularidades de los temas musicales y la entrega de premios. Recuerdo que Héctor Rodríguez, comentarista deportivo pero en ese caso el moderador de la transmisión, me llamó «la eléctrica del Guzmán», cuando llegó el momento de hablar de aquel premio que me había otorgado el pueblo de Cuba y que, todo creador, sinceramente, añora tener algún día.

La sorpresa no me dejó respirar cuando supe que La Musicalísima, sería quien interpretaría «Una canción

---

93. *Tribuna de La Habana*, 3 de marzo de 1986.
94. *Bohemia*, 2 de enero de 1987.

para mi madre». El corazón me latía presuroso y demoré un tiempo prolongado para comprender lo que estaba sucediendo. Ya en Pinar del Río supe que el arreglo orquestal estaría a cargo del maestro Joaquín Betancourt, otro grande. (…) No veía posibilidad alguna de ganar un trofeo, pero mi gran premio era estar allí, como una más, entre todos ellos (…)

El momento justo en que Beatriz salió al escenario ha sido uno de los que con más calidez quedaron guardados en mi memoria. Aplaudí efusivamente apenas mostró la ligera cola de su vestido blanco como si aquella aparición no tuviera nada que ver conmigo.

Cuando empezó a cantar fui interiorizando la dicha de estar unida a ella de algún modo. ¡Cantó emocionada! Cantó como nunca antes, porque en ese mismo instante, de sublime compromiso con su profesión, también su padre, el gran compositor René Márquez, se debatía entre la vida y la muerte en un hospital de la ciudad. Todos los que estábamos allí contemplamos una interpretación que rebasó los límites de la ternura. El estruendo de los aplausos al unísono, nos hizo saltar de los asientos. Nadie pudo quedarse sentado y los locutores debieron detenerse varias veces para poder retomar el curso del espectáculo (…) Volviendo a esa noche, me veo regresando a mi silla en medio de mucha gente que me abrazaba o me regalaba un beso. Con más tranquilidad, repetí el abrazo a mi padre.

Hubo un escollo difícil inmediatamente después. Beatriz no saldría a cantar porque se lo impedían problemas personales. Muchos no sabían lo de su padre, quizás por eso el público se mostró inconforme y comenzó a gritar. Se escuchaba "eso no puede ser", "Beatriz, Beatriz…" Fue muy difícil conseguir el sosiego de la gente. El espectáculo siguió y sucedieron otras cosas de las que no merece la pena hablar. De pronto, los locutores dijeron que había una sorpresa.

La orquesta comenzó a tocar. Fui reconociendo la melodía y a los demás le pareció lo mismo: Beatriz saldría en cualquier momento por uno de los laterales. Y así fue. De nuevo hizo una interpretación irrepetible. En un momento inadvertido por la mayoría, pero no para mí, sustituyó la palabra madre por la de padre. Así estaría su alma atribulada y con la pena allí estaba haciendo posible que todos la escucháramos una vez más. Su voz se dobló algunas veces sobre la tristeza. Pero su fuerza la dejó terminar para después ser aplaudida largamente.[95]

Beatriz con la compositora Miriela Mijares y el crítico Guille Vilar. Cortesía de Miriela Mijares

89

Durante el concurso Adolfo Guzmán 86

[95] Miriela Mijares Márquez. Testimonio ofrecido al autor vía correo electrónico.

La calidad de la orquestación de Joaquín Betancourt y el estilo interpretativo de la Márquez complementaron su abierta aceptación por el pueblo.[96] Desde la sala de hospital y a través de la pequeña pantalla, René verá, por última vez, actuar a su hija.

La muerte de René Márquez

El 23 de diciembre de 1986 terminaba la vida de un hombre cuya pasión fue la música, dejó su impronta en el pentagrama sonoro de la isla. Aunque la mayoría lo evoca como un compositor de afinadísimo estilo, René también llevó una exitosa carrera como cantante. Su versatilidad vocal le permitió integrarse a distintos formatos lo cual requería un profundo conocimiento de los estilos interpretativos y los repertorios que caracterizaban a cada una de las formaciones orquestales, sobre todo los ensambles cuya función artística es actuar para el bailador.

René hizo de la voz un instrumento y de la interpretación un estilo de poética popular desenfadada y plena de cubanía. Cayó irremediablemente en las redes insalvables de los universales géneros del son, la guaracha y el bolero soneado. Márquez se paseó —como un gran consagrado que fue— por la estilística de esos mil «trucos» que anhelan dominar los aspirantes a grandes músicos.

Pertenece a los excelsos paradigmas de la interpretación vocal que han podido «enredarse» en las mallas de los intergéneros y las interinfluencias del universo sonoro cubano. Su acervo interpretativo se conserva, felizmente, en grabaciones diversas que son testimonio valioso de una memoria audio-documental de su ejecutoria artística.

No se forja un creador musical tan «espontáneamente» como se titula su obra más reconocida.

Su catálogo incluye piezas que conforman una gran representación del amplio abanico genérico popular cubano, como pueden ser boleros, sones, guarachas y sus variantes. Algunos títulos constituyen el ejemplo más fehaciente de esta afirmación. «Ven junto a mí», «En el cielo de mi vida», «Es la ilusión», «La vida es un momento», «Puede una flor» y la ya mencionada «Espontáneamente», que alcanza elevadas cumbres gracias a sus valores poético-musicales, pero también por la extraordinaria interpretación que le otorga su

---

[96.] Revista *Clave*, abril de 1987.

hija. Estas piezas se enmarcan en la esfera de la canción reflexiva o del bolero.

Por otra parte, aparecen creaciones que alcanzan los estamentos que bordean el gracejo picaresco y la rítmica sonera y guarachera, entre ellas: «A bailar mi guaracha», «El granito de maíz», «Jícara», «Yo soy la reina», «Yo sé que te hace feliz» o la popularísima «Soltando chispas».

Al morir con setenta y dos años, René dejó como legado cultural una obra de gran relevancia, una ejecutoria interpretativa que se conserva en la memoria de sus contemporáneos y en grabaciones, así como en sus descendientes artísticos que constituyen una herencia vívida de las semillas que germinaron para mantener fresco un jardín de expresiones sonoras inolvidables.[97]

> Mi padre está presente en los momentos más puros y lindos de los inicios de mi carrera. Con él pude desarrollar todo lo que soy. Fue un buen cantante de varias agrupaciones importantes y compositor de primera línea (…) He sido una fiel intérprete de sus obras, como Espontáneamente, No respondo, Explícame por qué… y muchas otras que han quedado en mí como su recuerdo, muy unidos.[98]

91

René y Beatriz, unidos por el amor y la música

En junio de 1987 se realiza el Festival del chachachá en el anfiteatro de la Avenida del Puerto en La Habana. El

[97] Criterios ofrecidos por su hijo René Márquez Castro.
[98] *Tropicana Internacional*, no. 15, 2003.

jurado integrado, entre otros, por los maestros Enrique Jorrín, Félix Reina y Rosendo Ruiz Quevedo concedió el primer premio a Beatriz por el tema Sé bien que hay algo en ti, de su cosecha autoral.[99]

La Egrem reconoce el trabajo de Pablo Milanés y Frank Fernández por sus discos Querido Pablo y Lecuona-Gershwin, respectivamente y Beatriz representa a Cuba en el Festival de Música Internacional Gala 87, realizado en el teatro Carlos Marx con un importante número de artistas extranjeros y cubanos.

Del tres al cinco de julio se presentan los actores Reynaldo Miravalles, Mario Balmaseda, Susana Pérez, el Grupo Ismaelillo, José María Vitier y su grupo, Osvaldo Rodríguez, Maggie y Luis y Annia Linares. De aquellas jornadas la periodista Neysa Ramón resalta en las páginas de Bohemia el premio que obtuvo Beatriz como compositora por su obra Tu no fuiste suave como el viento.[100]

Durante una entrevista en la televisión cubana. Década del 80

[99] Revista *Clave*, junio de 1987.
[100] *Bohemia*, 17 de julio de 1987.

La voz de 20 primaveras

Así se tituló el espectáculo en el que Beatriz celebró sus veinte años de vida artística en la Sala Avellaneda del Teatro Nacional entre el ocho y el diez de abril de 1988. Presentándose también fuera de la capital: Holguín, Granma, Las Tunas, Camagüey, Ciego de Ávila, Sancti Spíritus, Cienfuegos y Villa Clara.

Para La voz de 20 primaveras Beatriz contó con el guion y la dirección de Luis Figueredo Doncell y el programa se concibió como una panorámica de su carrera, un reencuentro con los números que la hicieron popular. Entre los 24 temas que canta incluye boleros como Sabor a mí, de Álvaro Carillo; tema de la novela Un bolero para Eduardo; el tango Madreselva; Hojas muertas (en francés) y Yo sé que te voy a amar, de Vinícius de Moraes y Antonio Carlos Jobim (en portugués).[101]

La acompañan el cuarteto Tesis, Ivonne y Miguel Ángel Masjuán, un cuerpo de baile y el grupo musical Maisinicú. Las orquestaciones corren a cargo de Alfredo Pérez Pérez, Ramón Alonso y Silvio López.[102] A juzgar por la reseña de la periodista Silvia Johoy, Beatriz recibió «una prolongada ovación en la última función».[103]

En noviembre del mismo año se le ve en el Teatro Nacional en un espectáculo de música popular titulado ¡Qué bueno toca usted!, homenaje a las agrupaciones musicales de la empresa Benny Moré con más de treinta años de vida artística. Comparte la escena con el Conjunto Saratoga y Lino Borges, Gina León, Mercedes Gil, Emilia Morales, el cuarteto Génesis, Rebeca Martínez, Pachito Alonso, Joel Dirggs, Aurelio Murrieta, Olber Vargas y Herrerita.[104]

Otra de sus memorables actuaciones durante la etapa sucede en el Jazz Plaza, evento creado por el infatigable Bobby Carcassés, cantante, multinstrumentista, animador y showman. En aquella edición el festival dedicó un amplio espacio a los cantantes que, salvo raras excepciones, habían brillado por su ausencia en el jazz cubano de las últimas décadas. Estuvieron presentes dos de esas excepciones: el mismo Bobby Carcassés y Maggie Prior, así como

---

[101] *Granma*, 26 de marzo de 1988.
[102] Programa del espectáculo. Museo Nacional de la Música.
[103] *Trabajadores*, 13 de abril de 1988.
[104] *Tribuna de La Habana*, 25 de noviembre de 1988.

Mayra Caridad Valdés, Beatriz, Argelia Fragoso y los grupos vocales Eco y Vocal Juventud.[105]

Los noventa: crisis y superación

De cara a los noventa Beatriz Márquez está decidida a emprender un trabajo más de concierto, con nuevas concepciones tímbricas y textos de calidad. Incluirá en su repertorio sones y guarachas como ella misma declara a la revista Opina en febrero de 1989 donde además explica el porqué de cierto descenso artístico en su carrera:

> No me daban facilidades para grabar y no pude renovarme. Lamentablemente las empresas musicales carecen de mecanismos que aseguren la presencia ininterrumpida de los artistas en los estudios de grabación. Estuve en baja, pero el pasado año mi gira nacional "La voz de 20 primaveras" me sirvió para percatarme de que, tras 20 años de faena, las gentes me reconocen; valoran. Este año [1989] volveré a probar fortuna con un gran espectáculo en la Sala Avellaneda del Teatro Nacional y trataré de grabar un nuevo LD en la Egrem.[106]

Cuando se le pregunta si los cantantes populares como ella son cursis responde categórica:

> Nosotros hacemos la música que llega al pueblo y tenemos mucho corazón. El hecho de que varios intérpretes se hayan dejado arrastrar por el facilismo no quiere decir que debamos meter a todo el mundo en el mismo saco. ¡Toda la música es necesaria, lo importante es que sea de calidad![107]

Advierte en cuanto al vestuario (uno de los señalamientos más frecuentes que le hacen los críticos) que nunca le han gustado las

94

[105.] Acosta, Leonardo. *Un siglo de jazz en Cuba*, Ediciones Museo de la Música, p. 254.
[106.] *Opina*, febrero 1989.
[107.] *Ibidem*.

extravagancias, aunque tampoco acepta que la total sencillez anule el papel que debe desempeñar el vestuario dentro de un espectáculo contemporáneo.

—¿Qué ha aportado Beatriz Márquez a la cancionística de los últimos años?

—Felicidad, apego a la pareja, fidelidad. Tengo siete discos grandes y nunca he dejado de preguntar: ¿qué sería la vida sin el amor?[108]

Con una experiencia probada sobre el escenario, Beatriz aprovecha los momentos frente a la prensa para explicar cómo ha sido su vida en dos décadas de labor y cómo se proyectará a partir de entonces.

Mi trabajo va en ascenso. Estoy muy contenta con mi nuevo grupo (piano, batería, bajo, trompeta, saxofón y teclado), con el que estoy montando un repertorio muy variado: sones, boleros, canciones internacionales...sin perder la línea romántica.[109]

En octubre de 1989 Beatriz prepara el concierto Mientras tenga valor que ofrece un mes después y con el cual recorre el occidente y centro del país, gracias a la Agencia Nacional de Giras.[110] Recibe intensamente clases de expresión corporal para contribuir a su mayor desplazamiento escénico. El espectáculo, concebido por Ernesto Pérez, estudiante de la Escuela Internacional del nuevo cine latinoamericano se divide por bloques temáticos.

Junto a ella su hija Evelyn interpreta a dúo Se perdió nuestro amor y la obertura cuenta con una canción a ritmo de merengue Bailemos al ritmo de las estrellas, de Julián Chang, tecladista del grupo de Beatriz. En el mencionado espectáculo, La Musicalísima sorprende al público con Yemayá, un arreglo en ritmo de son con raíces yorubas y con temas en inglés y portugués.[111]

Sergio Vitier, entonces director del Complejo cultural Mella, destaca que ese centro y la institución cultural Adolfo Guzmán se

[108.] *Ibidem.*
[109.] Recorte de prensa fechado el 4 de junio de 1989. Museo Nacional de la Música.
[110.] *Tribuna de La Habana*, 7 de octubre de 1989.
[111.] *Ibidem.*

pusieron de acuerdo para hacerle ese reconocimiento a Beatriz, por ser una artista respetada por su calidad y sencillez.[112] Los primeros años de la década del noventa anuncian una etapa convulsa y dramática marcada por el colapso de la Unión Soviética que llegó a su anunciado fin en 1991 con la desintegración y desaparición del campo socialista. Tales acontecimientos provocan un total resquebrajamiento de la economía cubana, iniciándose el período llamado «especial».

La vida musical cubana también experimenta cambios y con el auge de la timba, quienes se dedican a la música romántica o sencillamente defienden otros géneros, ven tambalear su lugar ante un fenómeno musical que se acuñó como estilo-género a principios de la década de los noventa, «cuando sus rasgos ya estaban presentes en el repertorio de varias agrupaciones».[113]

La década es testigo de una conjunción cada vez mayor de grupos de artistas que accedieron gradualmente, por vías disímiles, a la práctica creativa e interpretativa de lo popular bailable.[114]

En estos años de precariedad, Beatriz actúa en distintos centros nocturnos de la capital cubana con un repertorio propio y extenso. La producción discográfica también entra en crisis y son pocos los que pueden ver cumplidos sus anhelos; ella solo grabará tres discos. Un marco favorable para la promoción lo será, posteriormente, la Feria Internacional Cubadisco, inaugurada en 1997.

En diciembre de 1991, Cuba participa en el vigésimo Festival de la Organización de Televisión Iberoamericana (OTI) celebrado en Acapulco. La cantante Delia Díaz de Villegas defiende el tema *Si todos saben de ti*, con letra y música de Rolando Ojeda, Ojedita. Con la dirección musical de Miguel Patterson entre las obras seleccionadas se encuentran *Acorralada* escrita e interpretada por Tanya Rodríguez; *Salgo a la calle*, de Demetrio Muñiz e interpretada por Malena Burke y *Guitarra que ha dejado de sonar*, de José Valladares y defendida por Isacc Delgado.[115]

[112.] *Granma*, 10 de octubre de 1989.
[113.] Revista *Clave*, 2002.
[114.] *Ibidem.*
[115.] Pedraza Ginori. *Memorias cubanas*, Libro 2,

La Movida

En los primeros días de diciembre de 1991 se realiza en La Habana el estelar show mexicano La Movida conducido por la conocida actriz y cantante mexicana Verónica Castro. El programa producido por Televisa empezaba a las once de la noche, no tenía límite de tiempo establecido para terminar y siempre giraba alrededor de una figura. La Movida en La Habana se transmitió desde el cabaret Tropicana por vía satélite y en directo a países de América Latina y al público hispanoparlante de Estados Unidos.

Con dirección artística del experimentado Pedraza Ginori, el equipo de realización estuvo conformado por Verónica Castro, como presentadora y la asesoría de Amaury Pérez Vidal. Los productores cubanos fueron Jorge Luis Díaz Pacheco, Nelson Rivera, José Manuel Albero, Lázaro Fernández, Osmani García Ginebra y otros.[116]

El 1 de diciembre actuaron para La Movida Los Van Van, orquesta Anacaona, Beatriz Márquez, Frank Domínguez, Soledad Delgado, Mirtha Medina, Miguel Ángel Céspedes, Rosita Fornés, grupo Alma Mater, comparsa Los Guaracheros de Regla y elenco del cabaret Tropicana.

En el programa La movida junto con Soledad Delgado, Miguel Ángel Céspedes
y Verónica Castro

[116.] Pedraza Ginori, visto en http://elblogdepedrazaginori.blogspot.com/2015/10/1991-el-año-en-que-el-icrt-y-televisa.html. Consultado el 24 de septiembre de 2019.

Y para el día 2 un grupo de actrices y actores cubanos, entre ellos, Isabel Moreno, Cristina Obín, Nancy González, Coralita Veloz, Armando Tomey, Fidel Pérez Michel, Gerardo Riverón y Eduardo Macías. Actuaron NG La Banda, Malena Burke, cuarteto Las D' Aida y su grupo, Vocal Sampling, Marlene Calvo y el elenco del cabaret Tropicana.[117]

Aquella sería una muy buena experiencia para los artistas cubanos en medio de un panorama hostil. Visibilizaba, sobre todo, parte del talento cubano pero a juzgar por lo reseñado después las noches de descarga y buen arte en Cuba solamente provocaron buches amargos en la carrera de la afamada actriz y cantante mexicana.

A partir de ahí, Beatriz retoma sus presentaciones internacionales y vuelve a Colombia y países de Europa. El 30 de noviembre de 1993 en Cartagena de Indias actúa en la Biblioteca Bartolomé Calvo del Banco de la República de Colombia con un concierto variado donde incluye boleros y sones. La acompañan el pianista Alex Martínez, Alexander Duque, en el bajo, y el baterista William Coronel.

Recorte de prensa durante sus presentaciones en Colombia

Un mes más tarde, El Universal, principal periódico de Cartagena, publica un amplio artículo titulado El bolero de Beatriz Márquez donde informa sobre la gira nacional que realiza la cubana y promociona su actuación en el Festijazz de Cartagena. Presentada por la Organización Jazz Bajo la Luna y el auspicio de Superviajes, el concierto inaugural se realiza el jueves 16 de diciembre en el Centro de Convenciones.[118]

Del ocho de mayo al once de junio de 1995, forma parte de la obra teatral El mambo de la vía láctea dando vida a una cantante y

---

[117] *Ibidem.*
[118] *El Universal*, 12 de diciembre de 1993. Archivo de Beatriz Márquez.

pianista. Bajo la dirección de Hans-Peter Litscher, la dirección musical de NedSublette y con numerosos artistas, entre ellos, Luciana Castelluci, Eléonore Hirt, Miriam Barbon Cabado, Lolda Leticia Hernández Gutiérrez, Amarilis Ramos Mora y la cubana Alicia Bustamante, El mambo… se presenta con notable éxito en Francia, Bélgica y Australia.

En la obra teatral El mambo de la Vía Láctea

El 18 de mayo de ese año la prensa belga se refiere a la actuación y destreza de Beatriz frente al piano en un «espectáculo explosivo».[119] Cierra el año 1995 representando a Cuba en la capital brasileña los días siete y ocho de noviembre, junto con Marta Valdés, en el Taller-Seminario del Bolero en América Latina.

La muerte de su madre

El 16 de febrero de 1996 Beatriz organiza detalladamente la celebración de su cumpleaños con toda la familia. En la mañana del 17, cumple primero con un compromiso en Radio Progreso para celebrar con los oyentes sus 44 años de vida y, horas después, en una coincidencia fatal, el estremecimiento llega al ver, sin vida, el cuerpo de su madre Gloria Castro Sánchez: pilar fundamental en su carrera, guía, confidente. Tenía al morir 72 años.

---

[119] *La Libre Belgique*, 18 de mayo de 1995. Archivo de Beatriz Márquez.

Un año después se celebran los 50 años del bolero «Contigo en la distancia», una de las creaciones más hermosas del compositor César Portillo de la Luz. Correspondió a Beatriz interpretar la bella melodía frente a su exigente creador, conformando la soberbia lista de intérpretes que han versionado la pieza a escala internacional, entre ellos, Caetano Veloso, Plácido Domingo o Luis Miguel. De aquella experiencia recuerda La Musicalísima:

Beatriz y César Portillo de la Luz

Estuve junto al maestro en la celebración por los 50 años de esta pieza, en Caracas, Venezuela, donde participaron otros intérpretes y compositores. Disfruté mucho presentarme en el reconocimiento a una de las composiciones más lindas del mundo. Me sentí feliz y fue un momento importante en mi carrera artística.

César comentó una vez que la historia nació de una de las principales pasiones de su vida. Es un tema profundo y sentimental. Quizás es esa la razón por la cual, a través de los años, grandes intérpretes lo han recreado de forma increíble.

(…) Es la canción perfecta en letra y melodía. Es un himno de la música cubana y el público la entona contigo. Es una de las obras latinas más aplaudidas e interpretadas. Cantarla frente a Portillo de la Luz fue tarea difícil, porque era muy perfeccionista pero también fue emocionante. Atesoro esos instantes como parte importante de mi vida.[120]

En febrero de 1998 el programa televisivo Contacto, dirigido por René Arencibia y con la conducción de Susana Pérez, dedica una emisión especial al día de los enamorados. El espacio, grabado en el centro recreativo La Maison, reúne a algunos trovadores, quienes a su vez invitan a cantantes de diferentes épocas. El cantautor Santiago Feliú escoge a las intérpretes Xiomara Laugart y Beatriz Márquez.

En aquella emisión de Contacto ambos interpretan «Contigo en la distancia» de Portillo y «Marisa» del mismo Santi, con el acompañamiento al piano de Roberto Carcassés. El éxito de la actuación posibilitó otro rencuentro en junio del mismo año. Sucedió en la Sala Avellaneda del Teatro Nacional durante un concierto de Santiago, donde volvió a interpretar con Beatriz su clásico tema «Marisa», pero en aquella ocasión, con la compañía al piano de otro virtuoso, Aldo López Gavilán.

101

Con el inolvidable Santiago Feliú

[120]. «Contigo en la distancia»: la canción perfecta. *Suenacubano*, 26 de agosto de 2013. http://suenacubano.com/news/98cd44860e6d11e393663860774f33e8/contigo-en-la-distancia-la-cancion-perfecta/.

En Italia con Compay Segundo

Entre diciembre de 1999 y enero del 2000 Beatriz Márquez acompaña a Francisco Repilado en su gira por Italia. El legendario Compay Segundo, entusiasma con sus músicos caribeños y en cada uno de los escenarios una multitud ovaciona a los artistas, según se comprueba en una reseña publicada en Corriere della Sera,[121] uno de los periódicos de mayor difusión de ese país.

Durante la gira por Italia con Compay Segundo y el guitarrista Rey Montesinos

La prensa señala que La Musicalísima, «captura al público con su voz profunda y sus sellos». Sobre esas presentaciones al lado del trovador más famoso del mundo, Beatriz asevera:

> Durante aquella gira canté con Compay la habanera «Veinte años», de María Teresa Vera, y me enseñó el verdadero estilo de la trova tradicional. Fue una experiencia bella y, sobre todo, una clase magistral.

121. *Ressa e ovazioni al concertó di Compay Segundo. Spettacolli. Corriere della Sera.* Archivo de Beatriz Márquez.

TENGO UN PÚBLICO QUE ME SIGUE Y QUIERE

El nuevo milenio... *comeback*

En el 2000 y por sexta vez la Márquez defiende un tema musical en el concurso Adolfo Guzmán. Con «Mariposa» de Pedro Antonio Romero obtiene el Gran Premio anotándose esto, según el crítico Norge Espinosa: «como una especie de comeback, una nueva oportunidad para demostrar que ha sabido cuidar su garganta y su timbre, tan celebrado por sus maestros».

Durante el concurso Adolfo Guzmán del año 2000

La artista no dejará de presentarse en centros nocturnos y teatros de la isla. Se le ve también en eventos internacionales como el Festival Internacional Jazz Barcelona entre el ocho de noviembre y el catorce de diciembre de 2001, donde actúa como invitada especial, el día nueve, junto con Pepesito Reyes.

Con el virtuoso pianista Pepesito Reyes

Doce meses después, tras una prolongada enfermedad, fallece el nueve de junio a los setenta y cuatro años la Señora Sentimiento, Elena Burke. Cuba llora la pérdida de una de las voces más originales de la isla y figura esencial del movimiento filin. Además de la artista excepcional, Beatriz Márquez pierde a la amiga y con quien compartió en teatros cubanos y extranjeros. La Márquez llega hasta la Necrópolis Cristóbal Colón para darle el último adiós a la gran Elena, una mujer «simpática y transparente», según sus palabras.

En mayo del 2003, como parte de la Feria Internacional Cubadisco, el cantante y compositor español Pablo Abraira presenta en Cuba su producción discográfica Abraira ahora. En la Sala Covarrubias del Teatro Nacional y acompañado por Iván Valdés e Israel Cuencia (guitarras) y Jorge García, en la batería, Abraira interpreta un puñado de buenas canciones pero la atmósfera de la noche sube de tono cuando Beatriz irrumpe con su versión de «Pólvora mojada» y Abraira la sigue a dúo.[122]

---

[122] *Granma*, 17 de mayo del 2003.

Con el español Pablo Abraira, mayo del 2003

El documental *Diálogo con un ave*

En el 2004 se anuncia la premier en el Centro de prensa internacional del documental Diálogo con un ave del realizador Felipe
Morfa.[123] El material, de cuarenta minutos se convierte en la tesis de
graduación de Morfa, en la especialidad de Dirección de la Facultad
de los Medios de Comunicación Audiovisual del Instituto Superior
de Arte (ISA). Estructurado en cuatro partes (formación musical,
condiciones vocales, Beatriz músico y significación para la cultura
y la música popular cubanas), esta creación audiovisual cuenta con
el testimonio de musicólogos y reconocidos artistas.

En Juventud Rebelde, el periodista José Luis Estrada Betancourt
publica las siguientes declaraciones de la intérprete:

—Este es el primer documental que te dedican, ¿no es
cierto?
—Efectivamente, y me siento muy feliz. Felipe ha hecho
un recuento de mi carrera artística y sé que no ha sido
fácil para él. Le puso el corazón, y eso es muy importante
para mí. Una obra de este tipo te compromete. No
puedes decaer, ni abandonar la calidad. Cuando vi el

105

[123.] *Juventud Rebelde*, 6 de junio de 2004.

documental terminado me emocioné mucho. Escuchar los criterios de personas a quienes admiro y respeto me hace sentir en las nubes, pero también me obliga a pensar cada nuevo paso que debo dar. Estoy como de fiesta.

—Tuviste el privilegio de la fama, y hoy casi no se te escucha.

—Mira, sé que tengo un público que me sigue y quiere. Yo nunca trabajé pensando en la fama, simplemente he amado la música y lo que hago. No me corresponde a mí evaluar la labor de los medios de difusión. Solo me preocupa entregar una obra cualitativamente superior, defender la canción, un género precioso y que nunca va a morir. Del resto supongo que se encargará el tiempo.

—¿Cuál era la fórmula para que tus canciones pegaran tanto?

—Tenían un mensaje, poesía, y estaban muy bien tratadas, tanto desde el punto de vista melódico como de la letra. Quizás a algunos les podían parecer un poco comerciales, pero tenían una factura impecable.

—¿Cuál es tu secreto para mantener tu voz intacta?

—Cuidarse y no perder la costumbre de vocalizar, lo cual es vital para un cantante. No vivir con excesos. Yo soy una mujer normal, que no duerme mucho y que ama a todo lo que le rodea: mis dos hijos, de quienes me siento muy orgullosa, mis amigos, mis animales, mis plantas.[124]

Su voz en el cine

Cuando el cineasta Juan Padrón decide presentar su filme Más vampiros en La Habana en el 2003 los cinéfilos reconocen la voz de Beatriz, presente en una de las escenas cantando Nuestro juramento del puertorriqueño Benito de Jesús. Una década después, en febrero de 2013, en el cine Charles Chaplin se estrena un largometraje del director Gerardo Chijona, el cual marcaba el reencuentro con el público del popular actor Reynaldo Miravalles en el personaje protagónico de Esther en alguna parte.

---

124. *Ibídem.*

Producida por el Instituto Cubano del Arte e Industria Cinematográficos (Icaic) y basada en la novela homónima de Eliseo Alberto Diego, Lichi, la cinta reunió a un reparto de lujo: Enrique Molina, Daysi Granados, Eslinda Núñez, Paula Alí, Alicia Bustamante, Verónica Lynn, Elsa Camp y Raúl Pomares.[125]
Pero la cinta tiene otro encanto: su banda sonora. Además de "la excelente partitura de José María Vitier" que "le confiere un poco de ese misterio que lo envuelve",[126] el filme cuenta con la voz de Beatriz Márquez interpretando el tema «Cara o cruz», escrito por Silvia Rodríguez Rivero, musicalizado por Vitier y excepcionalmente doblada por la primera actriz Eslinda Núñez, quien encarna el personaje de Elenita Ruiz.

Experiencia aquella, catalogada por la Márquez como excelente oportunidad de llegar a sus seguidores a través de uno de los medios más imperecederos como lo es el séptimo arte.

Juan Formell, el amor no muere

El primero de mayo de 2014 fallece en La Habana a los 71 años de edad uno de los genios musicales más queridos de Cuba: Juan Formell. A juicio de la investigadora Rosa Marquetti, Formell tuvo «el raro poder de poner de acuerdo —ya sea en un salón de baile o en el mínimo espacio de una butaca de teatro— a todos los cubanos de cualquier parte, de cualquier credo o filiación de ideas, de cualquier clase o estrato social».[127]

El legendario director, arreglista, compositor y cantante dedicó toda su vida a hacer de la música un modo de entretenimiento popular y enriquecimiento del espíritu. Sus cenizas fueron expuestas en el lobby del Teatro Nacional de Cuba el viernes dos de mayo y hasta allí llegó su amiga Beatriz. Ambos dejaron grabado para posteridad el tema «Este amor que se muere».

[125.] «Estrenan hoy película cubana *Esther en alguna parte*». Visto en http://cubasi.cu/cubasi-noticias-cuba-mundo-ultima-hora/item/14537-estrenan-hoy-pelicula-cubana-esther-en-alguna-parte. Consultado el 28 de junio de 2019.
[126.] Crítica: *Esther en alguna parte*... del cine cubano por Frank Padrón. Visto en http://noticine.com/iberoamerica/36-iberoamerica/18655-critica-qesther-en-alguna-parteq-del-cine-cubano.html. Consultado el 28 de junio de 2019.
[127.] «Dios de pueblo». Rosa Marquetti Torres. Visto en http://www.desmemoriados.com/te-quedaras-juan-forme/.

(…) compartir una obra con él ha sido importante en mi carrera. Durante la interpretación hubo mucho sentimiento y una bella comunicación entre Juanito, el pianista Jorge Aragón y yo. Ahora veo el video y me alegra, pero a la vez siento nostalgia al recordar que Formell no está vivo.[128]

Beatriz con su entrañable amigo Juan Formell

El realizador audiovisual Ián Padrón tuvo a su cargo la realización del videoclip incluido en el DVD Espontáneamente.

Beatriz es una de las grandes voces cubanas y Juan Formell un músico extraordinario. Ambos crearon una energía especial que erizó a los espectadores (…) El material fue filmado en una toma única que registró un momento también único, y quizás el último donde Formell no aparece con los Van Van sino solo él, con su sentimiento y manera de interpretar la música.

Respetamos la energía de la grabación original y agregamos algunas fotos de cuando eran jóvenes, teniendo en cuenta que la canción habla de un amor pasado. He filmado muchos conciertos y musicales,

128. *Suenacubano*, 28 de mayo de 2014.

pero este es uno de los más especiales que he sentido cual realizador y público. Atesoro el instante cuando le mostré el clip a Juan como la última vez que pude hablar con él. Recuerdo que se quedó mirando la pantalla y me dijo: "Me gusta porque me quitaste unos cuantos años, me veo más bonito".[129]

Durante la grabación del DVD Espontáneamente *con Juan Formell*

En mayo de 2014 el comité organizador de la décimo octava Feria Internacional Cubadisco decide entregar a Beatriz el Premio Extraordinario a la Excelencia Interpretativa. La calidad de su carrera, cualidades vocales, aún como la primera vez, y la manera tan especial en la que transmite emociones sin utilizar artificios, solo la fuerza y el color de su voz, además de la elegante sobriedad de su presencia en escena, son algunas de las razones que avalan el lauro. Además, se distingue en la categoría Canción en vivo al DVD Espontáneamente (Producciones Abdala).

El material, de aproximadamente 75 minutos, contó con la producción y orquestación del maestro Juan Manuel Ceruto y un grupo de talentosos músicos entre ellos: Jorge Aragón (piano), Rodney Barreto (batería), Yandy Martínez (bajo) y Alexander Abreu (trompeta). En calidad de invitados: Formell con el tema antes

---

[129] *Ibidem.*

mencionado y «Una noche en Palma de Mallorca». Por otro lado Janet Valdés canta junto con Beatriz una composición de Pedro Romero: «Mariposa».

Pasados cuatro meses, al celebrarse el centenario del natalicio de su padre, Beatriz visita la provincia de Villa Clara en compañía de su hermano. Participan en el homenaje a René Márquez otros artistas como Vionaika Martínez, Gustavo Felipe Remedios y José Ramón Vizcaíno. Entre las actividades que se realizan destaca la peregrinación hasta la casa natal de René, a la tumba donde descansan sus restos y un encuentro sobre su vida y obra.

René Márquez Jr. dona algunos objetos personales de su papá al museo Alejandro García Caturla, además de varios discos con música creada por el compositor villaclareño para la emisora CMHS Radio Caibarién. Durante la gala-homenaje en el teatro Villena de Remedios intervienen los referidos artistas.[130] En aquella ocasión, Beatriz declara a la prensa local:

—¿Cómo se siente al visitar la tierra natal de su padre?
—Estoy muy emocionada. Remedios también es mi tierra. Cada día me intereso más por sus vivencias. Estoy aquí para seguir apoyando su memoria y a todos los jóvenes que tengan talento, mostrarles su música.
—A propósito de la música joven en el país, ¿qué opina de las cantantes que han emergido en el país en los últimos años y que se dedican a interpretar sobre todo boleros y música tradicional?
—Siempre a todos los jóvenes les aconsejo que revisen nuestro patrimonio, porque es muy importante defender de ese modo la cultura de este país. Nuestra música es muy rica. Les digo que estudien las raíces y que las lleven también a lo contemporáneo. Existen muchas obras que se pueden trabajar en ese sentido y que gustan mucho en el público joven.
—¿En qué se basa para escoger el repertorio que va interpretar?
—Han existido muchas etapas. En ocasiones he tenido que hacer un trabajo con una discográfica y me han

---

130. *Granma*, 8 de septiembre de 2014.

presentado el material. Depende de hacia dónde me quiera dirigir. Al comienzo damos tropiezos, como es lógico, porque a veces te imponen temas. Cuando ya se acumula la experiencia y los años de trabajo, el intérprete trata de ser más selectivo. Si me quiero dirigir hacia lo antológico, pues trato de escoger lo mejor.

—¿Qué música prefiere interpretar y escuchar?

—Admiro todos los géneros que estén bien hechos, pero sobre todo prefiero la buena música, la canción. Me fascina la trova tradicional y creo que a través de los años lo demostré con una canción que mi padre siempre me indicó que escuchara. Él pensaba que Santa Cecilia siempre iría con mi estilo. Tuvo mucha razón porque es un tema que me ha dado reconocimiento y premiaciones. Cada vez que la canto lo hago con toda el alma y me erizo de pies a cabeza. Es una obra magistral.

—¿De qué está enamorada Beatriz Márquez?

—Siempre estaré enamorada de la música, y en lo personal: de mis hijos que también tienen sus carreras artísticas y que ahora están cumpliendo compromisos internacionales. También de mis mascotas, dos perritos que adoro.[131]

Para octubre se le solicita su participación en otra producción teatral. Esta vez el pedido lo hace la primera actriz cubana Laura de la Uz quien estrenaría en el Teatro Mella una obra montada, dirigida e interpretada por ella misma.

En el Reality Show, de la Uznarra el día de cualquier creadora cubana, de las mujeres que buscan la manera de crear en todas las facetas de su cotidianidad. La presentación de aquel unipersonal clausuraba el Festival Ellas crean en su segunda edición, organizado por la Consejería Cultural de la Embajada de España en Cuba en coordinación con el Ministerio de Cultura.

En la conformación de aquel espectáculo se combinaba música, tecnología y la participación de singulares invitados relacionados

---

[131.] «Siempre estaré enamorada de la música», 8 de septiembre de 2014. Visto en http://www.vanguardia.cu/cultura/1264-siempre-estare-enamorada-de-la-musica. Consultado el 4 de julio de 2019.

con la canción en Cuba como Lynn Milanés, Telmary Díaz y Beatriz quien volvió a llevarse los aplausos cuando regaló, con el mismo sentimiento, su inseparable canción.[132]

Premio Nacional de Música

El 16 de diciembre de 2015 la prensa cubana informa que Beatriz y el compositor y director de orquesta Guido López Gavilán son merecedores del Premio Nacional de Música 2015 por sus importantes aportes a la identidad sonora de la isla. El jurado, presidido por Digna Guerra, directora del Coro Nacional de Cuba e integrado además por Sergio Vitier, César Pupy Pedroso, Juan Piñera y Adalberto Álvarez, destacó en los homenajeados la construcción de una obra para la música cubana.[133]

En octubre de 2016, en una gala-homenaje efectuada en la Sala Covarrubias del Teatro Nacional, Beatriz recibe oficialmente el Premio acompañado por dos hermosos óleos, uno de la artista Zaida del Río titulado caprichosamente Diálogo con un ave (muy a tono con su estilo) y otro de Nelson Domínguez.

Según Digna Guerra, el premio reconoce la trayectoria al servicio de la canción de la intérprete y compositora «que ha enaltecido la canción romántica, el filin y el bolero cubano en sus interpretaciones de emblemáticas obras de importantes autores, la que se ha visto coronada por la aceptación del público dentro y fuera de nuestras fronteras».

En la velada fueron interpretados, entre otras, obras compuestas y popularizadas por Beatriz a lo largo de su carrera, en las voces de las cantantes Argelia Fragoso, Heydi Chapman, Rachel Valladares y el Coro Entrevoces, dirigido por la misma Digna Guerra. También se presentan el pianista y cantante Félix Bernal y la Orquesta Solistas de La Habana, bajo la dirección de Demetrio Muñiz y antes de finalizar, la Márquez interpreta su tema clásico, dando las gracias a su padre, el mismo que descubrió, a tiempo, su verdadera pasión.

Por aquellos días la escritora Marilyn Bobes publica:

> (…) el Premio Nacional de Música que le fuera conferido en 2015 fue recibido en Cuba como un gran y merecido

132. CubaSí, 7 de octubre de 2014.
133. Granma, 16 de diciembre de 2015.

acontecimiento a pesar de ser compartido con otro excelente artista: Guido López Gavilán, cuya dedicación a la llamada música culta difícilmente puede competir con el popular arraigo de Beatriz Márquez, dada la preferencia de los cubanos por la música popular. Cuando la interrogo sobre qué significa para ella el gran reconocimiento del que goza en Cuba y fuera de ella, me responde: «El reconocimiento del público que es mi seguidor es como un regalo que me ha dado la vida, es sentir el cariño y el respeto de muchísimas personas». Y es ese cariño y ese respeto el que ha hecho que este Premio tan merecido (…) se haya convertido en uno de los sucesos más importantes en el plano cultural en el pasado 2015. Porque esta mujer, exigente y sencilla, es algo más que La Musicalísima, otra Señora Sentimiento que, como la gran Elena Burke, ha hecho de la canción una manera de conmover más allá del virtuosismo y su increíble registro de mezzosoprano.[134]

En la sede nacional de la Uneac con el maestro Roberto Valera

134. «Beatriz Márquez: Más que Musicalísima». Marilyn Bobes. Visto en https://www.revistamascuba.com/beatriz-marquez-mas-que-musicalisima/. Consultado en abril de 2019.

Colegas de la profesión aprovechan la oportunidad para alabar su trayectoria. Así sucedió en el encuentro organizado en la sala Rubén Martínez Villena de la Uneac, durante el programa cultural La Bella Cubana, espacio creado por la musicóloga Alicia Valdés Cantero. El primer gran regalo fue la presentación del Coro Exaudi el cual, bajo la dirección de María Felicia Pérez, ofreció números cercanos a la cantante homenajeada. Impresionante fue también el grupo Coral Retro y la incursión de Marta Campos, pero el regalo espiritual que sorprendió, fue escuchar al maestro Roberto Valera como cantante.

De cantantes como Beatriz se hace la canción nacional

En el mismo 2016 Beatriz presenta al público un álbum de duetos con la colaboración de doce trovadores y cantautores cubanos. Bajo el sello Unicornio de Producciones Abdala S.A., el CD incluye a relevantes músicos de la isla como Silvio Rodríguez, Pablo Milanés, Juan Formell, Vicente Rojas, Descemer Bueno, Leoni Torres, Waldo Mendoza, Amaury Pérez, Gerardo Alfonso, Raúl Torres, Israel Rojas y Pablo FG. Como «gratificante» y al mismo tiempo «inusual» califica la intérprete dicha producción. A pesar de haber hecho varios dúos ocasionales durante su carrera, nunca antes se había propuesto un trabajo tan serio como ese.

Repite el músico Juan Manuel Ceruto (idea original y arreglista) quien se propuso conceptualizar el proyecto con autores masculinos cantando temas conocidos suyos. Ceruto logró reactualizar con sus arreglos distintos géneros como danzón, bachata, bossa nova, balada, y elementos del rock y el flamenco, fusionados con otras tendencias de la música contemporánea.[135]

Ante la prensa, tanto Ceruto como Beatriz cuentan las reacciones de grandes creadores como Silvio Rodríguez quien accedió inmediatamente y quiso que fuera Beatriz quien escogiera la obra a interpretar pues lo consideraba un honor. En aquel encuentro con periodistas y críticos, relata la siguiente anécdota que involucra a otro de los grandes cantautores cubanos de todos los tiempos:

[135.] http://cubarte.cult.cu/periodico-cubarte/beatriz-marquez-presenta-album-mis-duetos/

Voy un día manejando, bajando por la calle 12 y suena mi celular. Como es lógico, disciplinada con el tránsito, me arrimo a la acera, cojo el teléfono y me dicen: "Beatriz, soy Pablo Milanés". Me quedé sorprendida, porque no es solo la admiración, sino el respeto que uno siente por él. Estaba muy preocupado porque le habían comentado sobre la propuesta. Me dijo que estaba encantado y que me admiraba mucho. Luego empezó a hacerme anécdotas de cuando yo comencé. Tuvo la mejor disposición y rápidamente comenzó a ponerle voz al tema.[136]

115

Con los artistas Xiomara Laugart y Gerardo Alfonso

El cantautor Gerardo Alfonso, uno de los invitados al disco *Mis duetos*, además de resaltar las dotes vocales de Beatriz llega a lúcidas conclusiones.

Beatriz Márquez es una de las mejores voces de la canción latinoamericana de siglo XX y activa como está, también del XXI; «la mejor» es un poco absoluto, así que yo diría, sí, una de las mejores voces, teniendo como referentes a Elis

[136.] «Beatriz Márquez: en mi corazón todo lo que brota es música», *Cubasí*.

Regina de Brasil o a Simone de Brasil también, a Mercedes Sosa y a Estela Rabal, ambas argentinas. Ana Gabriel de México (en México hay un tremendo caudal de grandes cantantes, Lila Downs, Lupita de Alesio) o Soledad Bravo de Venezuela, etcétera, etcétera. ¿En qué me baso? En el sonido de la voz, en el timbre, en la sensualidad de su voz, en lo afinada que es, en su musicalidad, en el registro donde se mueve. Escucharla cantar «Santa Cecilia» de Manuel Corona, es un buen ejemplo.

Pero las canciones con que debutó, o las primeras que yo escuché cantada por ella además de que tenían un registro alto eran seductoras por la sensualidad y el timbre cristalino y potente con que interpretaba, era sencillamente fascinante. ¿Qué ocurrió que no fue reconocida como la gran cantante continental que debió ser y que para mí es? Pues que desde Cuba no se podía hacer una carrera internacional de mercado. Todos los grandes artistas después del triunfo de la Revolución, y en general los artistas todos, eran especies endémicas de una isla que hacía maravillas para existir, hay muchos.

En el caso de Beatriz, La Musicalísima, pianista y compositora además, le faltó algo muy importante para insertarse en el gran escenario internacional y fue el cuidado que hay que tener con las artistas como ella, sin temor diré con una estrella como ella, desde la selección del repertorio, el vestuario, la promoción, el diseño de portada de discos, la gestión comercial para vender el producto que genera una artista de su talla y que teniendo el don de la voz, no tiene ella que ser también especialista en esas otras disciplinas.

Nosotros éramos una sociedad no lucrativa y todo lo que aquí se producía no tenía prácticamente un mostrador donde vender, por miles de razones que sabemos, aislamientos etc. etc. Nada de esto es culpa de Beatriz, ella estaba dentro de una circunstancia que era así en aquel tiempo.

Hubiera podido hacer como otras grandes cantantes que en su tiempo se marcharon, algunas hicieron suceso y otras no, pero ella prefirió arriesgarse y quedarse. No obstante, ha hecho una coherente carrera musical desde las posibilidades reales. Es que las cosas están como están, pero cuando ella canta sale el sol, sinceramente se ilumina todo y va más allá de modas y pegarse. Es una artista clásica que se va a escuchar y disfrutar en cualquier época. Pero hoy más que nunca sus representantes, sus managers etc. deben guiarla en todos esos matices profesionales (extravoz) que pueden convertir a una cantante como ella en una súper star.[137]

En 2017 y con la participación del poeta Miguel Barnet, entonces presidente de la Uneac, se entregan los Premios Caracol en el teatro de la Biblioteca Nacional de Cuba José Martí. Al cierre de la gala, Beatriz recibe un Caracol de Honor.[138]

El admirado escritor, etnólogo, poeta y furibundo amante de la música cubana, no vacila al afirmar:

También de cantantes como Beatriz Márquez se hace la canción nacional. Ella lo supo siempre y no vaciló en quedarse en su tierra, mientras otras, que no brillaron como ella, cedieron a las mieles foráneas y a los cantos de sirenas. Auténtica, segura de sí, escogió el más depurado repertorio sin concesiones. Y como la blanca mariposa de los arroyos creció espontáneamente para fecundar un estilo propio.

Sí, se quedó, junto a la vieja luna y la suave fragancia de su jardín en calma. Está aquí, en la primera luz de lo visible, única e inderrotable, asida a nuestra juventud, que es la suya, cantando como nunca, como siempre, entre nosotros. Que el flautista de Hamelín toque su flauta por ti. Y que las campanas de la Catedral repiquen por el trino de tu voz de sinsonte volando. Te quedarás porque el pueblo te dio su cariño. Yo, te espero en la eternidad.[139]

[137.] Gerardo Alfonso. Testimonio ofrecido al autor vía correo electrónico, 21 de diciembre de 2019.
[138.] «Defender la excelencia artística» por Sahily Tabares. Visto en http://www.tvcubana. icrt.cu/destacados/3403-defender-la-excelencia-artistica.
[139.] Miguel Barnet. Testimonio ofrecido al autor.

Beatriz y el intelectual Miguel Barnet

Espontáneamente llega al teatro

En 2017 el grupo Cabotín Teatro, de Sancti Spíritus, lleva a las tablas la obra Espontáneamente del dramaturgo Amado del Pino, construyendo «una saga de acción y tensión dramática sin excesivos artificios y con el cuerpo y alma del actor, como los de él mismo, enfrentando la vida».[140]

El texto de Amado confronta a un pasajero y un bicicletero de alquiler rodando por las calles de La Habana y sus vivencias de allá y aquí, pues el primero está de visita. Como el autor es admirador furibundo de la cantante Beatriz Márquez y el viaje, esta vez urbano, entre invectivas del bicitaxista y versos de Virgilio Piñera, José Martí, Félix Pita Rodríguez y José Lezama Lima, persigue otro sueño para engrandecer el espíritu.

Amado entregaba una obra «buscando la dicha en cualquier circunstancia, con personajes fervientes como él mismo, mezcla de entusiasmo febril y de melancólico desencanto, con acotaciones que insisten en extraer la teatralidad del juego desnudo y limpio».[141]

[140.] «La escena como febril búsqueda de la vida», por Vivian Martínez Tabares en prólogo al volumen *Amado del Pino:Teatro escogido*, Editorial Verbum, Madrid, 2018.
[141.] *Ibidem.*

Tania Cordero, viuda de Amado del Pino, nos asegura que el dramaturgo coloca a Beatriz en la obra como referencia del pasado, de una utopía extraviada.

Amado era un gran admirador del bolero y los géneros de la música popular cubana. En el caso de Beatriz, le gustaba además de su reconocida voz y musicalidad su sobria y poderosa proyección escénica. "La melancolía es el placer de estar triste", solía citar Amado.

Juntando esa melancolía, su pasión por dar preponderancia a una etapa pletórica de la canción en Cuba, unido al esplendor socio-económico y cultural de los 80, Amado coloca a Beatriz como referencia, utopía extraviada de su argumento: un cubano-ingeniero devenido bicitaxista y otro residente en España, con anclaje en su origen, que pondera regresar, buscan aliviarse, crear alternativas para ser felices en un mundo adverso (en Cuba y en España), tan alejado del sueño de su juventud como la Beatriz de los años en que cantaba Espontáneamente.

Como en todas las obras de Amado, hay un leve referente a su propia biografía. Esta es la primera de sus obras en que expresamente busca, tanto desde el lenguaje hasta en las situaciones dramáticas, dialogar con un público más amplio que su querido cubano de a pie, quien, por supuesto, también es protagonista.

Y en ese sentido también disfruta que Beatriz sea un referente, una artista a la que "googlear" para el espectador no nacional. El Amado creador, hombre cívico, cubano del siglo XXI que vive fuera de su país no deja de reflexionar nunca sobre las circunstancias que le mantienen lejos, ni las opciones que tendría —desde el punto de vista vital y profesional— si regresara.

Cualquier proyecto en ese sentido tenía que ver con la restauración o recuperación de esencias olvidadas o preteridas de nuestra cultura (la casa de Gonzalo Roig, por ejemplo) o la creación de un proyecto cultural con una estructura más contemporánea y viable, quizás como los que esbozan los personajes de la obra.

Resumiendo, Espontáneamente es un homenaje a la canción, al bolero, a Beatriz Márquez y su impronta y su época de más reconocimiento. También ese homenaje y, sobre todo la artista, se convierte en un referente, una utopía, un recuerdo entrañable de las cosas hermosas que como sociedad conseguimos; una oportunidad de revivir ese empuje y llenar de ilusión el futuro.[142]

Espontáneamente obra de Amado del Pino por el grupo Cabotín Teatro. Cortesía de la agrupación

Espontáneamente
(Fragmento)

Pasajero: ¿Y si vamos juntos y te enseño cómo parecer dos tipos de otra época; como si en medio de ese bar famoso hubiesen colocado dos bustos sentados?

Bicicletero: ¿Cómo el Lennon que siempre le roban los espejuelos en el parque del Vedado?

Pasajero: Más o menos; pero a nosotros no nos robarán sino que te llevarás la mejor sonrisa de Ella.

---

142. Tania Cordero. Testimonio ofrecido al autor vía correo electrónico.

Biciletero: Gracias pero me parece un papelazo.

Pasajero: (Canta como Beatriz Márquez). "No me grites/ que no hay por eso más razón / en lo que dices".

Biciletero: La mía hasta canta en inglés y se mueve de una forma...

Pasajero: Yo la veía pasar, una vez hasta estuvo en un ensayo en mi casa y nunca me le acerqué. Toda mi labia, mi rollo, el repertorio de mis ocurrencias se trancaba cuando la tenía cerca. ¡Qué va! Ella no iba a enredarse con un tipo que sale en la televisión pero de fondo o cuando más cargando una bandejita. Hasta que me dieron un papel decente. Me reconocían en los autobuses y en la cola del Coppelia. Pero "joder, tío" (Le parece que la españolada no tiene sentido hablando de ese tema y de esa época) del carajo, tú, le ronca, mi hermano... Me la encontré en el jardín ese, en una noche de boleros y ella sentadita por allá con sus ojos lindos y su cara de persona normal, dulce, tranquila. Y cuando le estaba sacando una conversación de lo más sabrosa, llegó aquel tipo que venía de mear...

Libre de pecado

Dos mil dieciocho es otro año de realizaciones para Beatriz Márquez. Con tanto camino recorrido sabe que cualquier propuesta es un reto. Ni un Premio Nacional de Música, ni los aplausos y reconocimientos, ni tan siquiera el amor que constantemente le profesan sus seguidores consiguen alejarla del estudio y la preocupación cuando comienza a trabajar en un proyecto discográfico. Así sucedió con Libre de pecado, el magno homenaje al maestro Adolfo Guzmán, a quien Beatriz conoció desde el comienzo de su carrera. Cincuenta años después decide hacerle un disco, cantar sus canciones, quitándoles el polvo del olvido y las devuelve con todo el brillo que ellas exigen.

La placa (Producciones Colibrí), idea de Beatriz, incluye la pieza «Por tu falso amor» cuya partitura original está dedicada por el maestro Adolfo Guzmán a la Márquez, «descubrimiento» de la musicóloga Ligia Guzmán mientras trabajaba en el Museo de la Música.

> Tengo la imagen de Guzmán en mi mente. Yo grababa muchísimo junto con la Orquesta del Instituto Cubano de Radiodifusión en los estudios de Radio Progreso, y el Maestro tenía la batuta. Allí tuve la dicha de trabajar

junto a él. Haberlo conocido como director orquestal, como compositor, como gran persona que fue, con muchos valores, me ha permitido respetar siempre su obra interpretada sobre todo por cantantes líricos. Este es un gran sueño y poder realizarlo ahora, a mi manera, pero siempre respetando los patrones de él, me hace sentir muy satisfecha.[143]

Libre de pecado, a la postre, sería galardonado con el Gran Premio Cubadisco 2018 y premio en las categorías cancionística y grabación. Pocos críticos dejaron de alabar la monumental obra que contó con la producción musical, orquestaciones y arreglos de Jorge Aragón Jr. En las notas discográficas, el musicólogo Jesús Gómez Cairo señala lo siguiente.

> Beatriz Márquez, conocedora profunda de autores, estilos, caracteres, y dueña de una espléndida voz, reconocida como culta y musicalísima, hace gala de sus dotes para la recreación de estas canciones; pero, como era de esperar en su persona, con una reverente modestia, poniendo en primer plano los presupuestos estéticos del compositor, los que, hay que decirlo, ella explora y explota con arte de filigrana, con pasión contenida pero explícita, aportando sí, breves pero muy sugerentes detalles al dibujo melódico, en total correspondencia con la acostumbrada mesura que Adolfo Guzmán ponía a sus propias interpretaciones.
>
> La voz de Beatriz, potencialmente poderosa, se torna aquí mesurada, se mueve en el espectro de las sutilezas tímbricas y agógicas, absolutamente ajena a cualquier aspaviento, evitando los clímax extremos, adoptando tonos y colores tenues, por momentos susurrantes. Ella asume y nos induce el intimismo de estas canciones a la manera en que, a mi juicio, su autor las concibió, en una especie de monólogo para dos.
>
> Por su parte, el cantautor Silvio Rodríguez propone esta valoración.

---

143. «Beatriz Márquez y el "pecado" de hacer música». Jaime Masó Torres, *Arte por Excelencias*, 2018.

Este es un disco que faltaba, que hacía falta. Difícil emprenderlo porque se trata de un trabajo que exige excelencia en todos los sentidos, dada la proverbial calidad composicional de Adolfo Guzmán, cuyos temas figuran entre lo mejor de la cancionística de todos los tiempos. Estoy seguro de que era una deuda que Beatriz Márquez tenía consigo misma y con el maestro, a quien conoció e interpretó siempre, ahora desde una madurez bien adquirida. Igualmente, seguro ha sido una prueba de fuego para el orquestador, Jorge Aragón (hijo), por su juventud y su modestia, nunca por sus posibilidades. Este disco, como una máquina del tiempo, proyecta talentos de tres generaciones. Y lo que los acopla es la virtud musical.

Compartimos otras valoraciones que por su importancia destacamos:

Jorge Aragón Brito

«Creo que el sentimiento que le da [Beatriz Márquez] a cada nota, la expresión, la melancolía en su voz, es indeleble, en cada una de sus interpretaciones. Jamás olvidaré sus palabras al grabar la última canción: Te espero en la eternidad. ¡Gracias tía!».

Guille Vilar.[144]

«Es que un disco como este de Beatriz Márquez será en cualquier circunstancia algo bello, independientemente de las modas y de los modos de hacer que se pretenden imponer desde andamios artísticos endebles, sostenidos nada más por la ilusión de una supuesta fama a tono con los intereses comerciales de cada momento histórico, los que pudiéramos llamar hacedores de artistas por un día».

[144.] *Arte por Excelencias*, 2018.

Frank Padrón.[145]

«Betty ha cantado a los grandes de la canción cubana y latinoamericana, y sigue haciéndolo. Su reciente disco sobre Adolfo Guzmán es una joya inapreciable, son piezas tan hermosas como difíciles, pero ella mantiene muy bien sus cuerdas vocales y su emisión se siente limpia y comunicativa».

Marilyn Bobes.[146]

«Es un disco que corta la respiración. En el que Beatriz pudiendo lucirse en los agudos se acerca a lo íntimo de las composiciones y planta un tono menor que nos conduce al estremecimiento. Escuchar su Te espero en la eternidad es redescubrir esa hermosa y conocida pieza a través de un alma que renace en la música: el alma de Beatriz».

Entre el 19 y el 24 de junio tiene lugar la trigésima edición del Festival Internacional Boleros de Oro, 2018 y los organizadores deciden dedicárselo a Beatriz Márquez por ser una defensora del género en el archipiélago antillano. El evento, presidido por José Loyola, contó con un comité organizador integrado por figuras destacadas como Guido López-Gavilán, Andrés Pedroso, Rey Montesinos, José Ramón Artigas, Alicia Valdés y José Luis Lobato.

Enaltecer el papel de la mujer compositora, autora, cantante, intérprete acompañante e investigadora musical fue uno de los propósitos fundamentales de la cita que también rindió homenaje al musicólogo Argeliers León en su centenario.

Terminando el 2018, la Asociación de Músicos de la Uneac entrega al doctor José Antonio Méndez Valencia y a Beatriz el reconocimiento anual Por la Obra de la Vida. En esa oportunidad correspondió al maestro Roberto Valera, Premio Nacional de la Música 2006, pronunciar las palabras de elogio.

De veras no puedo decir nada que resuma y que pueda significar lo que te quiere el pueblo de Cuba por lo mucho que le has dado a través de los años. Cuba es

---

145. Testimonio ofrecido al autor vía correo electrónico, abril 2019.
146. Testimonio ofrecido al autor.

un país que ha dado muchas cancioneras eminentes, no se puede hacer una competencia, pero tú eres una voz inconfundible, un timbre muy especial con una manera muy especial de decir la música; no solo es tu musicalidad, como el epíteto que te puso Orlando Quiroga: La Musicalísima, es además tu forma de entender la canción, de pronunciar, para que siempre se entienda todo lo que dices, y de escoger tu repertorio.[147]

Volverá su voz a la gran pantalla, y en diciembre de 2020 se le escuchará en el corto de ficción Generación realizado de Carlos Lechuga y Marcos Castillo cuyo estreno sucedió en el Festival del nuevo cine Latinoamericano.

125

Beatriz y el actor y productor puertorriqueño Benicio del Toro

El encuentro deseado

Pasarían muchísimos años para que, finalmente en 2022, se concretara uno de los proyectos más amados por Beatriz: incluir en su larga discografía un material con canciones de su padre. Para dicha aventura la Márquez contó una vez más con la inestimable colaboración de José Manuel Ceruto a cargo de la producción musical

147. Periódico *Cubarte*, 7 de diciembre de 2018.

de Este encuentro, título del CD con la participación de los más nuevos de la familia: Michel y Evelyn, continuadores y defensores a ultranza del legado de René.

Algunos temas conocidos como «Espontáneamente», «En el cielo de mi vida», «El disgusto de bigote de gato» o «Soltando chispa» volvieron a tomar vida con compases más actuales. «La vida es un momento», interpretado originalmente por la gran Esther Borja, fue otra de las atracciones del material publicado por el sello Colibrí. Un encuentro de generaciones, una deuda saldada con René Márquez y la memoria musical de Cuba.

Beatriz y sus hijos Michel y Evelyn

ALGUNAS CONSIDERACIONES

¿Qué la hace diferente de otras intérpretes?

Según la muy respetada musicóloga María Teresa Linares, Beatriz tiene un timbre de voz muy especial, tan especial que la separa de otras cantantes y de otras voces. Y añade:

> A veces, le hace apoyaturas a la frase que va a iniciar o hace un glisado o un rubato bien extenso...Son manejos que ella le hace a su voz y que puede dominar y darle la expresión que desea a la canción que está interpretando. Cantó boleros, filin, en un grupo pequeño al principio de su carrera. Interpretó canciones estupendas, muy selectas de autores cubanos y cantó mucho repertorio que se iba al nivel cosmopolita, de la canción popular. Es una cantante integral y todo esto va aunado a esa presión de diversos estilos, obras, autores y a la entrega que hace de eso. Cuando estrenó el disco y el video donde interpreta «Longina» y «Santa Cecilia», de Manuel Corona, hace una obra de arte. Se le recordará como se recuerda a Esther Borja, a las grandes cantantes de principio de siglo.[148]

Otro artista célebre de la cultura nacional cubana, conocido como El Acuarelista de la Poesía Antillana, Luis Carbonell, exquisito pianista, arreglista y repertorista, dijo sobre Beatriz:

> (...) desde la nota más grave hasta la más aguda es el mismo timbre, no tiene que cambiar, ni impostar y desimpostar de nuevo la voz. Además, indiscutiblemente cuando está cantando en tonos muy agudos, mantiene esa perfecta

---

148. Documental *Diálogo con un ave*, Felipe Morfa, 2003.

afinación que es muy peligrosa y muy difícil de encontrar. Entonces es cuando verdaderamente uno se da cuenta de sus facultades extraordinarias. Su emoción, su perfección, su dicción, todo eso contribuye a considerarlas una de las cantantes cimeras de la cancionística cubana y vale decir, de la cancionística antillana también.[149]

Beatriz y Esther Borja

La musicóloga Liettis Ramos González identifica otros elementos apreciables:

> Es una cantante que la madurez, lejos de afectar su voz, ha traído como consecuencia el logro de múltiples colores en su tono. En su juventud tenía una voz cristalina y aguda como sigue siendo su timbre. Sin embargo, la madurez ha dejado apreciar otras coloraturas, más allá de aquellas que la cantante pueda buscar en medio de la interpretación. Cuando eso sucede en otras cantantes se afecta la voz y uno nota cómo lo años hacen que pierda calidad, pero con Beatriz no sucede. Esto provoca que las grabaciones sean extremadamente agradables.
> Otro elemento que tiene a su favor es que está formada en

[149.] *Ibidem.*

una época donde existían los «repertoristas» y su papá era uno de ellos, un oficio que no lo tiene cualquiera. Ella posee un conocimiento muy amplio de cuáles son las canciones que puede interpretar, es muy aguda en ese aspecto. Hasta en la proyección escénica te das cuenta que Beatriz está pulida. Se presenta de manera limpia, sin desmanes, sin excesos. En escena transmite tranquilidad, calma y así fue siempre. Tiene un marco debido en cuanto a su relación con otros músicos, la manera de mover las manos, de buscar determinada expresividad desde esa comunicación extra verbal. Es un producto muy acabado.[150]

Leo Brouwer

Compositor, guitarrista y director de orquesta cubano. Un músico cubano universal:

> Es una de las voces más espectaculares y especiales. Un timbre de voz precioso, una manera de decir que no es común. La voz de Beatriz se separó de todo el contexto de docenas de cantantes. (…) Beatriz exploró diversos repertorios, siempre con favor a la canción amorosa, como columna vertebral. Puede gustar el repertorio, la poesía, o no gustar en otros casos, pero la voz, el timbre de Beatriz hacía olvidar cualquier deficiencia poética o cultural, porque daba lo mismo que cantara maravillosas canciones como pésimas, era la voz de ella la que era magnética, para mí.

Paquito D' Rivera

Músico cubano, apasionado tanto del jazz como de la música clásica. Hijo del saxofonista y director de orquesta cubano Tito D' Rivera:

> La recuerdo como una muchacha muy afectuosa, de carácter suave y sonriente y de una musicalidad y una voz que reflejaban nota a nota ese trato amable que siempre la caracterizó. Muchas veces la acompañé, con la Orquesta de Música Moderna, con Irakere y con

129

---

otras agrupaciones, y en pocas palabras: Beatriz canta exactamente igual que como es. La última vez que la vi –desde el escenario– fue en el dos mil "nosecuanto" (ella se acordará seguramente).

Entre el público, creo que durante la presentación de mi libro Mi Vida Saxual en el club Clamores de Madrid, y me dio tanta alegría que lo primero que hice fue gritar con el micrófono: «¡Beatriz, qué bueno verte después de tantos años!» Ella me respondió con algo que no comprendí en la distancia, y alumbrando todo el sitio con su sonrisa luminosa y esos inolvidables ojos claros que bien pudieran haber sido la mismísima inspiración de la canción de Nilo Menéndez.

Hace poco escuché y la felicité a través de Facebook por el hermoso CD que grabó con canciones de nuestro inolvidable Adolfo Guzmán y unos arreglos fenomenales del hijo de nuestro viejo colega Jorge Aragón. Betty se ganó tempranamente el sobrenombre de La Musicalísima, y sin dudas ha sabido conservar el título en alto a través del tiempo, el espacio. Y aunque las circunstancias de la vida nos han separado por casi cuatro largas décadas, mi afecto y admiración hacia ella siguen intactos.

Rey Montesinos
Importante y versátil músico cubano, guitarrista y orquestador. Ha acompañado a figuras representativas de la música cubana:

Antes de conocerla personalmente ya había visto a Beatriz Márquez acompañada por el combo Los Barbas, era una nueva voz que se incorporaba a la televisión, yo era uno de los asesores de los programas de este organismo, así fueron mis primeras relaciones con ella. Quizás sería en los principios del 1970, quizás 1971, que ella comenzó su carrera independiente como solista demostrando una calidad interpretativa muy buena en la que además de cantar, era capaz de acompañarse con el piano, instrumento que estudió y que es capaz de dominar muy bien.

Ya después fue a competir al Festival de Sopot (Polonia), uno de los festivales de canto más importantes no solo del campo de países socialistas sino del mundo...Todo esto dio lugar a que comenzaran nuestras relaciones musicales. Tuve la suerte de grabar discos con ella acompañándola con la guitarra, haciéndole arreglos y dirigiéndole la orquesta, al igual que en varios espectáculos de teatros y la televisión.

A Beatriz siempre la he tenido como una de las mejores cantantes de estos tiempos, tuve la suerte de trabajar con ella como guitarrista acompañante durante varios meses en el Jazz Café y me sentí muy bien pues es una cantante impecable, nunca hubo el menor error de su parte. Es una cantante que le ha dado mucha gloria a Cuba y se la seguirá dando, a la que hay que respetar como tal.

Farah María
Cantante cubana también conocida como La Gacela de Cuba, símbolo de la gracia, la sensualidad y la belleza mestiza cubana. Fue una cantante que supo elegir su repertorio y demostró elegancia y dominio en el escenario. Incursionó en casi todos los géneros de la música cubana e internacional.

«(…) pocas veces ha estado mejor aplicado un calificativo que el de La Musicalísima».[151]

Tony Pinelli
Músico, compositor, productor y director de espectáculos

De Betty podría decirse que fue la representante por excelencia de una nueva generación de cantantes que provenían de una formación académica más sólida y desde el mismo comienzo de su carrera contó con la aprobación de músicos y especialistas además del aplauso del público que siempre la ha acompañado a lo largo de su carrera. No había entidad artística que no se desviviera por cantar con Beatriz y así fue acumulando una impresionante cantidad de dúos y actuaciones

---

151. Revista *Opina*, abril de 1980, p. 33.

ocasionales con una innegable élite de orquestas, grupos, compositores y solistas, tanto cubanos como de otros países que atesoran esas actuaciones con orgullo. Desde agrupaciones bailables hasta el más exquisito pianista o genial tresero han dejado testimonio de los distintos géneros y/o estilos en los que Beatriz ha incursionado. El éxito en numerosas giras, festivales y concursos en el extranjero reafirman su talento más allá de idiomas o costumbres y tiene la virtud de brindar excelencia, tanto con gran orquesta y luces como con la intimidad de su voz y sus manos en un piano bar.

Ahora bien, si pudiéramos hacer abstracción de su bien ganada fama y disfrutamos a Beatriz cantando una obra musical de altura y sentimos la coherencia entre la interpretación y el texto, los matices precisos de la voz, donde su timbre no se pierde nunca en ningún ámbito de su amplio registro; la cualidad de llevar la melodía sin distorsionarla, y ese poder de comunicación que aunque cante en una sala repleta, en cada persona que la escucha se origina la impresión de que le está cantando directamente, como si fuera un mensaje coloquial, con Beatriz Márquez, se llega a la conclusión de que cada vez que uno la oye cantar siempre aprende algo.

Tuve el privilegio de verla surgir y compartir en varias ocasiones su quehacer artístico. Siempre cariñosa, siempre gentil, siempre tan querida y admirada. Ahí está, en una posición privilegiada entre el ramillete de las cantantes más exclusivas, las que alcanzan categoría de leyenda, las que tienen el aplauso de escolta y el cariño de su pueblo como un abrazo en el alma.

Frank Padrón
Poeta, narrador, ensayista, crítico de arte y comunicador audiovisual

Su formación integral, que desde niña tuvo al nacer y criarse en un hogar «musicalísimo» le sirvió mucho, por supuesto, en su carrera. De siempre fue muy sobria, a veces se le acusaba de no poseer mucha gracia escénica, pero

ella simplemente era auténtica, comunicaba lo suficiente
—que no era poco, ya sabemos— con su voz privilegiada,
que sobre todo para lo romántico era, es extraordinaria.
No hay que olvidar tampoco sus hermosos dúos de hace
varias décadas, con colegas tan recordables como Miguel
Chávez, Oscar Quintana, Sergio Farías o Juan Formell
(con quien logró afortunadamente grabar su creación de
«Este amor que se muere»). Beatriz Márquez es de las
cumbres de nuestra música, quién lo duda.

William Vivanco
Cantante y compositor. En sus composiciones mezcla ritmos muy variados
como el reggae, el bossa nova, el blues y el rap

Beatriz Márquez es una de esas artistas cubanas que
cuando llega a un teatro lo acapara completamente. Yo
tuve la experiencia de compartir con ella un escenario y
realmente me enamoré de su energía y creo que eso es lo
más impresionante en ella: es una artista auténtica, de las
de «antes», de las de siempre, de cómo debemos aspirar
a ser. Cuando cantamos juntos «Vieja luna», yo era un
marinero de su hermoso barco.

133

Ben Jones
Creador norteamericano de las artes visuales

Cuando vi actuar por primera vez a la gran cantante y
compositora Beatriz Márquez (hace más de cuarenta
años), en el Salón Rojo de La Habana, me dije: qué voz
tan encantadora y qué asombrosa cantante… Además,
¡qué mujer más hermosa! Su voz peculiar me hizo pensar
en grandes figuras de la canción de mi país, como Nancy
Wilson, Sarah Vaughan, Billie Holiday, Ella Fitzgerald,
Dinah Washington y otras.
Si quieres que una voz etérea te transporte al cielo, la
de Beatriz Márquez puede hacerlo. Si quieres sentir y
conocer las alegrías y las penas de las relaciones humanas,
las canciones que ella canta también pueden hacerlo.

Una vez le pregunté cómo calificaría las canciones que canta. Me dijo que eran por lo general «melancólicas». Para mí, Beatriz Márquez es una maestra de la interpretación. Espero que un día nos bendiga con un álbum de algunas de las grandes canciones de todo el mundo en diferentes idiomas. Y, por supuesto, como tiene una voz maravillosa y adecuada para cantar jazz, me encantaría que hiciera un álbum de grandes clásicos. Sé que lo haría muy bien porque es Beatriz una fuerza única de la naturaleza y una artista magistral. Su voz, su música y su arte son eternos.

Beatriz y el artista norteamericano Ben Jones

Eugenio Pedraza Ginori
Director de televisión, compositor

(...) mi mente me hizo volver atrás, a los tiempos en que dirigía programas en la tele y espectáculos musicales en los teatros. Y allí, en medio de mi duermevela matutino, embelesado por el sueño que lucha, pero no acaba de vencerme, me estuve acordando de la cantidad de buenas cantantes que tuvo Cuba allá por los 60, 70 y 80. Y de la suerte que tuve de poder trabajar junto a ellas.

Fue una época que no volverá, en que uno, organizando un elenco, podía levantar el teléfono y contactar con una estrella para que el sábado viniera a prestigiar su show. Elena, Rosita, Moraima, la Justiniani, Maggie, Mirta, Farah, Soledad, Elsa Rivero, Gina León, María Elena Pena, Marusha, Annia, Omara, Ela, La Remolá, Miriam Ramos, Lourdes Torres, Raquel Hernández, Elizabeth de Gracia, Delia Díaz de Villegas, María Antonieta... Seguramente se me habrá olvidado alguien, pero se dispensa el fallo porque, mientras las recordaba, andaba yo más dormido que despierto.

Y en eso estaba cuando me viniste a la mente tú, Betty. Y lamenté que en medio de la parafernalia que era mi trabajo, de la velocidad y la agitación que caracterizaban a mi día a día, nunca me detuve un momento de las innumerables ocasiones que compartimos para decirte lo mucho que te admiraba y confesarte que yo era un gran fans tuyo desde aquella noche de los 60 en que nos metimos en el estudio 2 de Radiocentro para grabar una canción con Los Barbas y lo hiciste como lo hubiera hecho un ángel si ellos pudieran cantar. Nunca superé mi vergüenza y nunca supiste que en mi podio personal eras medalla de plata, solamente superada por el oro indiscutible que ostentaba la inconmensurable e imbatible reina Elena de todas las Burkes.

Y ayer, Beatriz Márquez, tras varias décadas de no vernos y a muchos kilómetros de lejanía, me dije "qué va, esto hay que remediarlo". Me tiré de la cama y fui a teclear tu nombre en Youtube, a encontrar un pretexto para hacerte estas líneas y decirte con ellas, en público, lo que nunca te dije en privado: que tu sobrenombre de La Musicalísima se quedó corto y que te agradezco como no te puedes imaginar los momentos que me diste, llenos de sentimiento, entrega y perfección. Les propongo verla como la vi yo ayer, con calma, vacilando cada gesto, cada palabra, disfrutando de su afinación y de su manera personal de expresar el filin. Y si no se emocionan, corran a verse eso con un especialista en sicología porque tienen un problema grave de falta de sensibilidad.[152]

Nancy Morejón
Poeta, ensayista, periodista, crítica literaria y teatral y traductora. Premio Nacional de Literatura 2001

En la isla y en cualquier sitio donde aliente lo cubano tan solo basta pronunciar su nombre, Beatriz, para estar seguros de que vamos a disfrutar de un talento a plenitud que se añeja a sí mismo como el buen vino. Favorita del gran público, Beatriz es una cantante de timbre singular, una compositora y un músico de categoría que ha transitado por los caminos más diversos del repertorio no solo nacional para dejar sentadas las bases de una carrera irreversible (…).[153]

152. Tomado de su blog personal. Publicado originalmente el jueves 24 de diciembre de 2020 bajo el título: *A Beatriz Márquez, de un viejo desvelado*. Visto el 22 de noviembre de 2021.
153. Palabras para el CD *Simplemente Beatriz*. Producciones Colibrí, 2012.

ANEXOS

Iconografía

Durante la actuación en Cuba del español Dyango

Durante una actuación con el pianista Chucho Valdés

Beatriz y las artistas Anabell López y Liuba María Hevia

Con el compositor, pianista y profesor cubano Harold Gramatges

Beatriz y el maestro Frank Domínguez

Beatriz y el boricua Cheo Feliciano

Beatriz y Vicente Rojas

Beatriz y el cantautor Kelvis Ochoa

De izq. a derecha Felipe Morfa, Anabell López, Xiomara Laugart, Beatriz Márquez y Liuba María Hevia

De izq. a derecha Omar Franco, Beatriz Márquez, Felipe Morfa y Luis Silva

Beatriz Márquez. La compositora[154]

1. Al verte a ti
2. Alguien como solo quiero yo
3. Busco nuevamente mi sentir
4. Creo que es muy tarde
5. Cuando el amor llegue a ti
6. Cuantas veces
7. Deseos de ti
8. Despídete de todo mi existir
9. El calor de tu mirar
10. Esa noche tuve un sueño
11. Este amanecer que me trae el amor
12. Llegaste a mí
13. Mi amor por ti murió
14. No mientas por favor
15. Nuestro cielo
16. Qué habrás pensado tú
17. Quiero besarte amor
18. Sé bien que hay algo en ti
19. Se perdió nuestro amor
20. Sin mí qué tal te va
21. Solo tú
22. Tema de Betty
23. Todas mis emociones
24. Tus ojos me alientan
25. Una hermosa mañana
26. Voy a entregarte el corazón
27. Yo pensé
28. Esa triste despedida

---

154. Según la Agencia Cubana de Derecho de Autor Musical (Acdam).

Festivales y concursos en los que ha participado[155]

1970: Festival Internacional de la Canción. Varadero 70, Cuba
1971: 1er Premio 1er Festival del Creador Musical. La Habana, Cuba
1973: Festival Orfeo de Oro. Varna. Bulgaria
    Mención 3er Festival del Creador Musical. Matanzas, Cuba
1974: 1er Premio 4to Festival del Creador Musical. Santa Clara, Cuba
1975: Festival Otoño Dorado. Moscú, Rusia
    Disco de Plata. Sello Melodía, Rusia
    I Premio de Interpretación y Premio a la canción polaca en Sopot, Polonia
1976: Festival La voz de Oro. Barquisimeto, Venezuela
1978: XI Festival Mundial de la Juventud y los Estudiantes. Cuba
    Disco de Plata. Sello Egrem (Se entregó por primera vez en Cuba)
1979: Festival Lira de Bratislava, Checoslovaquia
1980: I Premio de interpretación. Festival la canción de Buga, Colombia
    Premio de la popularidad y Mención. Concurso Adolfo Guzmán
    Disco de Plata. Sello Egrem, Cuba
1981: Girasol de Popularidad. Revista Opina, Cuba
1982: I Premio de interpretación Benny Moré. Cienfuegos, Cuba
1983: I Premio Concurso Adolfo Guzmán La Habana, Cuba
    Festival de la canción Gastón .Managua Nicaragua
1984: Gala 84. Varias Ciudades, Cuba
1986: Premio de la Popularidad. Concurso Adolfo Guzmán, Cuba
1987: Premio de Composición a la mejor canción. Gala Julio 87, Cuba
    I Premio a la mejor Canción. Festival Chachachá. La Habana, Cuba
1988: Festival René Márquez. Remedios, Cuba
1989: Festival René Márquez. Remedios, Cuba
    Festival Boleros de Oro, México
1990 al 1992: Festival Boleros de Oro. La Habana, Cuba
1993: Festival Boleros de Oro. Medellín, Colombia
    Festival Boleros de Oro. La Habana, Cuba
1994: Festival de Jazz, Colombia
1995: Taller Seminario del Bolero en Brasilia. Brasil

[155.] Los siguientes datos fueron aportados por Felipe Morfa. Actualizados hasta noviembre de 2021.

1996: Festival Boleros de Oro. Cuba
1997: 50 años de Contigo en la Distancia. Caracas, Venezuela
Festival de Jazz de Salento, Italia
1998: Festival Boleros. Pedeira, Colombia
1999: Festival Boleros. La Habana, Cuba
2000: Gran Premio del Concurso Adolfo Guzmán, Cuba
2001: Festival Internacional Jazz. Barcelona. España
Festival I. Woman Las Palmas. España
2002: Festival Adolfo Guzmán. La Habana, Cuba
2004: Festival Cubano en Panamá
2006: Festival Campeche. La voz de Cuba, México
2008: Festival internacional Varadero, Cuba
2009: Festival Internacional de Jazz. Cuba
2010: Feria del libro de Guadalajara, México
2014: Festival Internacional del Bolero de Cartagena de Indias, Colombia
Festival Internacional del Bolero de Managua, Nicaragua
Festival de música popular Barbarito Diez
2015: Premio Nacional de Música. Por la obra de toda la vida

2017: Premio Caracol de Honor
2018: Premio de Honor. Festival Internacional del Danzón Miguel Faílde
Festival Boleros de Oro dedicado a su trayectoria

Giras

1971: Gira Ritmos de Cuba. Rusia, Polonia, Bulgaria, Checoslovaquia,
Rumania, Alemania, Yugoslavia
1976: Gira por Angola, Venezuela y Panamá
1995: Gira de la obra teatral El mambo de la vía láctea. Francia, Austria
y Bélgica.
2000: Gira con Compay Segundo. Italia
2001: Gira por España
2004: Gira por Panamá
Gira por Canadá.
2006: Gira por México
2011: Gira por EE.UU. y España

Distinciones obtenidas

Distinción por la Cultura Nacional
Distinción Raúl Gómez García
Distinción Adolfo Guzmán
Distinción Benny Moré
Distinción Gitana Tropical
Distinción Alejo Carpentier
Distinción Museo Nacional de la Música
Distinción Réplica del machete Máximo Gómez
Distinción La tórtola. Dirección provincial de cultura de Matanzas 2017
Distinción María Teresa Vera. Dirección de cultura de Guanajay 2020
Orden Félix Varela' de primer grado 2021

Discografía

14 discos de 45 rpm. Egrem

Álbumes
1970 - Es Soledad. Egrem
1975 - Beatriz Márquez. Egrem
1976 –Regresa. Egrem
1978 - Beatriz canta a Juan Almeida. Egrem
1981 - El motivo de vivir. Egrem
1984 - Llegaste a mi despertar. Egrem
1987 - Se perdiónuestro amor. Egrem
1992 - Vivir cantando. Egrem
1997 - Hablando de Amor. Caribean Producción
1999 - Alas de Corazón. Bis Music
2006 - Como antes. Egrem
2011 - Simplemente Beatriz.Producciones Colibrí
2013 - Espontáneamente (DVD en vivo-éxitos). Producciones Abdala
2015 - Palma sola-Poems of Nicolás Guillén.BerglandProductions
2016 - Mis duetos. Producciones Abdala
2018 - Libre de pecado. Producciones Colibrí
2019 – Beatriz Inédita. Egrem
2022 – Este encuentro. Producciones Colibrí
2022 – Beatriz en vivo. Egrem

Participacion en otras compilaciones discográficas

Disqueras cubanas

1969 – LP – Novedades Musicales de Cuba I – Varios intérpretes
1971 – LP – Novedades Musicales de Cuba II – Varios intérpretes
1974 – LP – 12 éxitos – Varios intérpretes
1978 – LP – Canción de todos los días – Varios intérpretes
1978 – LP – Canciones XI Festival – Varios intérpretes
1979 – LP – Guzmán 79 – Varios intérpretes
1979 – LP – Éxitos de Rolando Vergara – Varios intérpretes
1980 – LP – Homenaje a Alicia Alonso – Varios intérpretes
1983 – LP – Amor Disco– Varios intérpretes
1986 – LP – 30 años en la música de Juan Almeida
1986 – LP – Me quedé con ganas – Vicente Rojas
1995 – CD – Boleros en Dos Gardenias – Varios intérpretes
1997 – CD – Charangueando – Orquesta Aragón
1999 – CD – Carta de provincia – Cantan a Lázaro García
2002 – CD – Las más famosas de Cuba – Varios intérpretes
2002 – CD – Me gusta así – Temas de Juan Almeida
2002 – CD – Ponle nombre a este bolero – Héctor Téllez
2008 – CD – Aguas revisitadas – Amaury Pérez
2008 – CD – Volvamos a comenzar – Fiebre Latina
2008 – CD – Danzoneando – Alberto Corrales
2008 – CD – Desafiando el destino – Septeto Nacional Ignacio Piñeiro
2011 – CD – Latiendo – Leoni Torres
2011 – CD – Centenario de Arsenio Rodríguez – Varios intérpretes
2013 – CD – Mis canciones – Tony Pinelli
2014 – CD – Convivencias – Rosita Fornés
2015 – CD – Caminos abiertos – Eduardo Sandoval
2016 – CD – El añejo jardín – La colmenita
2016 – CD – Canta conmigo – Jessee Suárez
2017 – CD – Intimidad –Jorge Reyes
2017 – CD – Pasaba un ángel – Liuba María Hevia
2017 – CD – Vidas paralelas – Liuba María Hevia
2018 – CD – Todos los caminos – Emilio Morales
2018 – CD – 55 aniversario –Tanda de Guaracheros
2018 – CD – Tributo a Rafael Hernández – Ecos del Tivolí

2018 – CD – Omara siempre – Omara Portuondo
2018 – CD – La Papina – Yuliet Abreu
2018 – CD – Tres por cuatro – Pancho Amat y su Cabildo del Son
2018 – CD – Privilegio de origen – Ever Fonseca
2018 – CD – Fuerza y luz – Luis Barbería
2018 – CD – Tributo a la Sonora – Legendarios del Guajirito
2019 – CD – Leyendas de Cuba – Charanga de Oro
2019 – CD – Atrapasueños – Tony Ávila
2019 – CD – Prosperidad – Jorgito Melodía
2019 – CD – Mi otro yo – Pachequito
2019 – CD – Felicidades Papá – Homenaje a Alberto Vera
2020 – CD – De Re a Re – Rembert Egües

Disqueras extranjeras

1975 – LP – Sopot 75 Internacional Festival of pop song – Varios intérpretes
1999 – CD – Seis perlas cubanas – Varios intérpretes
2000 – CD – It's a Cuban Christmas – Varios intérpretes
2001 – CD – Pepesito Reyes   149
2005 – CD – Tres Díaz de filin – Ángel, Nelson y Alexander Díaz
2006 – CD – Campeche en la voz de Cuba – Varios intérpretes
2008 – CD – Women are Beautiful – Variosintérpretes

Nominaciones y Premios Cubadisco

2000 - CD-Alas de Corazón. Bis Music
    1 Nominación (Cancionística)
2007 - CD-Como antes. Egrem
    1 Nominación (Cancionística)
2014 - DVD-Espontáneamente. Producciones Abdala
    3 Nominaciones (Canción en vivo-Video clip y Making of)
    Premio en la categoría Canción en vivo
    Premio extraordinario a la excelencia interpretativa
2017 - CD-Mis duetos: Producciones Abdala
    1 Nominación (Cancionística)
    Premio en la categoría Cancionística
2018 - CD-Libre de pecado. Producciones Colibrí
    3 Nominaciones (Cancionística-Grabación y notas discográficas)

Premio en la categoría Cancionística
Premio en la categoría Grabación
Gran Premio del evento
2021 - CD-Beatriz Inédita: Egrem
1 Nominación (Música de archivo)

Nominaciones y Premios Lucas

2018 Video clip- Te espero en la eternidad.Dr: Ángel Alderete
8 Nominaciones (Canción Balada-Dirección-Fotografía-
Dirección de arte-Efectos visuales-Diseño de vestua-
rio-Actuación y Video del año)
Premio en la categoría Canción Balada. Premio en la categoría
Fotografía

BIBLIOGRAFÍA

Acosta, Leonardo: Un siglo de jazz en Cuba. Ediciones Museo de la Música, La Habana, 2012.

Fajardo, Ramón: Rita Montaner, testimonio de una época. Editorial Oriente, Santiago de Cuba, 2018.

Fornet, Ambrosio, Narrar la nación, Editorial Letras Cubanas, 2009.

Giro, Radamés: Diccionario Enciclopédico de la música cubana. Editorial Letras Cubanas, La Habana, 2009.

Marquetti, Rosa: Desmemoriados. Historias de la música cubana. Editorial Ojalá, La Habana, 2019.

Reyes, José: Un siglo de discografía cubana. Ediciones Museo de la Música.

Publicaciones periódicas

Revista Bohemia. (1970 – 1980)
Revista Muchacha
Revista Tropicana Internacional
Revista Opina
Revista Arte por Excelencias
Revista Clave
Periódico Juventud Rebelde
Periódico Granma
Periódico Trabajadores
Periódico Tribuna de La Habana
Periódico El Universal (Colombia)
Periódico Corriere della Sera (Italia)

Otros documentos consultados en:

Archivos del Museo Nacional de la Música
Archivos del Cidmuc
Archivos de la Acdam
Archivos del Departamento de Música. Biblioteca Nacional José Martí
Archivos de Beatriz Márquez Castro
Archivos de Felipe Morfa

Materiales audiovisuales utilizados:

Documental Diálogo con un ave realizado por Felipe Morfa en el año 2003.
Entrevista realizada a Beatriz Márquez por Mario Masvidal para el programa Catalejo de Habana Radio, 2019.

Entrevistas realizadas por el autor para este libro:

Gerardo Alfonso (correo electrónico)
Marilyn Bobes (correo electrónico)
Leo Brouwer(correo electrónico)
Ariel Cumbá (correo electrónico)
Tania Cordero (correo electrónico)
Miguel Díaz (correo electrónico)
Paquito D' Rivera (correo electrónico)
Rembert Egües (Radio Metropolitana)
Roberto Fernández Retamar (vía telefónica)
Evelyn García (correo electrónico)
Ben Jones (correo electrónico)
Beatriz Márquez
René Márquez Jr.
Miriela Mijares (correo electrónico)
Rey Montesinos (correo electrónico)
Jesús Ortega
Frank Padrón (correo electrónico)
Mike Porcell(correo electrónico)
Tony Pinelli(correo electrónico)
Liettis Ramos

José Ramón Artigas
Gonzalo Rubalcaba (WhatsApp)
Marta Valdés (correo electrónico)
Lizette Vila
William Vivanco

Sitios web:

El Blog de Eugenio Antonio Pedraza Ginori
Desmemoriados. Historias de la música cubana
Cubarte
Cubasí
Suenacubano
Vanguardia
Revista Temas
Cubanbridge
Tvcubana
La Jiribilla

A C E R C A   D E L   A U T O R

Jaime Masó Torres
....

Jaime Masó Torres. Bayamo, Cuba. Licenciado en Periodismo por la Universidad de La Habana. Durante varios años trabajó en medios nacionales como periodista y conductor de espacios artísticos. Algunos de sus comentarios y entrevistas aparecen publicados en sitios digitales dentro y fuera de Cuba. Es autor del libro de entrevistas La memoria está ahí (Ediciones EnVivo, 2020).

Otros títulos

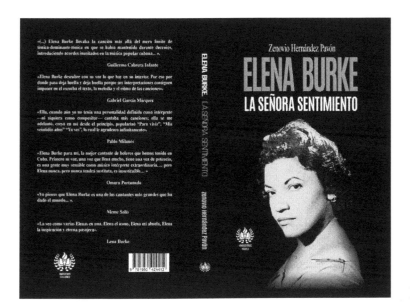

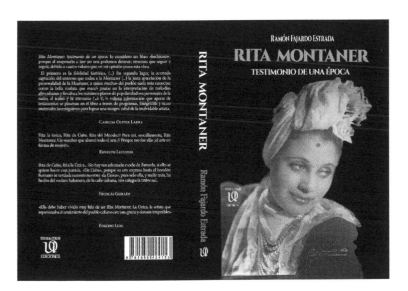

Book cover 1

La pasión de la periodista María del Carme Mestas la llevó a compilar valiosas entrevistas, crónicas y artículos de destacados exponentes de la música cubana, que hoy se estampan en este libro para los amantes del bolero, filin, de esas canciones que se escuchaban en las victrolas.

El lector encontrará diferentes anécdotas y versiones que existen sobre canciones como «Nosotros» de Pedrito Junco y si murió este autor o no de tuberculosis. Aquí están las voces de Machín, Barbarito Díez, Paulina Álvarez, Benny Moré, Bola de Nieve, La Lupe, Freddy, Rafael Ortiz, Julio Gutiérrez, Fernando Mulens, Farrés, René Touzet, Marta Valdez, Juan Formell, Abelardo Barroso, Panchito Riset…, también nuevas voces como las de Luna Manzanares, Ivette Cepeda, Daymé Arozarena.

La autora recrea los testimonios de figuras o sobre figuras de la talla del compositor mexicano Juventino Rosas, o como en las más hermosas historias de amor nos cuenta sobre el idilio entre la actriz Blanca Becerra y el compositor Gonzalo Roig que «se quisieron mucho» o nos hace escuchar de nuevo el fotuto de la «Macorina» por las calles de La Habana, nos aterroriza con la verdadera historia de unas «Bodas de sangre», y nos hace llorar con la despedida de amor de Pedro Junco en «Nosotros», para luego reconstruirnos la vida de Pablo Quevedo, aquel ídolo de multitudes del que no quedó ni la sombra de un recuerdo.

PASIÓN POR LA MÚSICA CUBANA

Entrevistas, anécdotas, crónicas, testimonios, canciones, compositores, cantantes, boleros, feeling, éxitos vitroleros

María del Carmen Mestas

Book cover 2

Un día, el novelista cubano Guillermo Cabrera Infante le pidió a Rolando Laserie, compañero suyo en el exilio y su amigo personal, que le escribiera unas memorias sobre su vida. Realmente no sabemos qué pretendía, si hacer una novela, una biografía o un cuento, pero el mero hecho de que se haya interesado en el músico Laserie, demuestra la admiración y respeto que siente hacia su coterráneo. Entonces el viejo Laserie lleno de nostalgia, música y recuerdos, disciplinadamente pone en papel su historia y gracias a ello, hoy contamos en este libro con confesiones suyas sobre músicos como El Benny Moré, Ernesto Duarte, Agustín Lara, Lola Flores, Álvarez Guedes, Olga y Tony, y Celia Cruz, entre otros.

Distingue este apasionante libro un testimonio fotográfico de un valor incalculable que fue celosamente guardado, primero por la esposa de Rolando, Tita y después por la sobrina-hija, Giselita, que lo puso en manos de este autor como un regalo para la cultura cubana y latinoamericana.

Lázaro Caballero, ha sabido mezclar la voz de Laserie a su propia voz como narrador, con respeto, sin altanería o exhibicionismo de intelectual de pose, es un cubano amante de la música, el que cuenta una historia donde se pone en primer lugar el amor a la patria, a la pareja, a la amistad, un amor que derriba la discriminación racial y la distancia. Es un homenaje en la figura de Rolando, a esos artistas que un día abandonaron la isla y expandieron su cubanía más allá del suelo que los vio nacer. En cuanto a Cabrera Infante, mencionó en su obra en más de una ocasión a Rolando Laserie, así recuerda cuando lo conoció en 1958: «Cantando, él era muy grande, en segundo lugar, después de Benny Moré»

¡DE PELÍCULA!
ROLANDO LASERIE

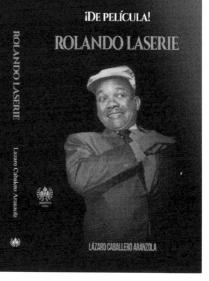

LÁZARO CABALLERO ARANZOLA

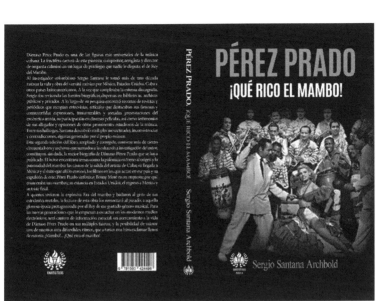

159

Roxana M. Coz Testar

RUMBERAS MATANCERAS
Un canto a la memoria

Entre guajiros y soperos las mujeres se atrevieron a contar su existencia a ritmo de rumba, de celebraciones en esos barrios con olor a río y salitre a puertas. Ellas fueron verdaderas guerreras que recibían las ofensas de sus descendientes inculcaron amor por la tradición. Con la fuerza de una sacudida de hombros evitando el ostracismo, así hemos querido alejar el polvo y el olvido de autoras que hicieron, de la rumba matancera, una historia increíble.

Que canten las mujeres es el canto que da inspiración al presente libro, era ese el llamado urgente que realizara Estanislá Luna en su canto, un llamado a la participación de la figura femenina, en el pleno derecho de expresarse y ser escuchada. Rumberas matanceras. Un canto a la memoria es un homenaje a todas aquellas que se atrevieron a contar su historia a golpe de rumba, que hilvanaron sus tristezas y alegrías, que salieron sus voces y vidas en las celebraciones al calor de sus humildes hogares, a aquellas que inculcaron el amor por la tradición. Es un homenaje a las que cantan hoy y a quienes lo harán mañana, a las que se aferran a la vida con la convicción de proyectar una realidad más justa, a las que se atreven a desafiar con impavidez la mirada juiciosa de quien se empeñe en limitar la capacidad creativa y creadora, ese binomio ideal que distingue el quehacer constante de las rumberas matanceras.

Sin dudas, mucho se ha contado sobre la rumba, sin embargo, la presencia de la mujer rumbera aún está por escribir. Por vez primera, el devenir de estas mujeres se aborda a través de una perspectiva musicológica, sociocultural y de género. Con este libro la autora intenta abrir una nueva página dentro del relato histórico de la rumba cubana.

(lomo) Roxana M. Coz Testar — Rumberas matanceras. Un canto a la memoria

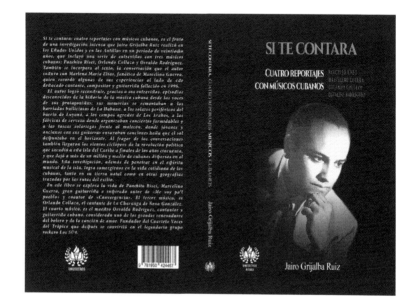

SI TE CONTARA
Cuatro reportajes con músicos cubanos

Panchito Risi
Marcelino Guerra
Orlando Collazo
Osvaldo Rodríguez

Si te contara: cuatro reportajes con músicos cubanos, es el fruto de una investigación intensa que Jairo Grijalba Ruiz realizó en los Estados Unidos y en las Antillas en un período de veintiocho años, que incluyó una serie de entrevistas con tres músicos cubanos: Panchito Risci, Orlando Collazo y Osvaldo Rodríguez. También se incorpora al texto, la conversación que el autor sostuvo con Marlena María Elías, fanática de Marcelino Guerra, quien recordó algunas de sus experiencias al lado de ese destacado cantante, compositor y guitarrista fallecido en 1996.

El autor logró reconstruir, gracias a sus entrevistas, episodios desconocidos de la historia de la música cubana desde las voces de sus protagonistas; sus memorias se remontaban a los barriadas bulliciosas de La Habana, a los solares periféricos del barrio de Luyanó, a los campos agrestes de Los Arabos, a las fábricas de cerveza donde organizaban conciertos formidables y a las toscas solariegas frente al malecón, donde jóvenes y ancianos con sus guitarras entonaban canciones hasta que el sol despuntaba en el horizonte. Al fragor de las conversaciones también llegaron los vientos ciclópeos de la revolución política que sacudió a esta isla del Caribe a finales de los años cincuenta, y que dejó a más de un millón y medio de cubanos dispersos en el mundo. Esta investigación, además de penetrar en el espíritu musical de la isla, logra sumergirnos en la vida cotidiana de los cubanos, tanto en su tierra natal como en otras geografías trazadas por las rutas del exilio.

En este libro se explora la vida de Panchito Risci, Marcelino Guerra, gran guitarrista e inspirado autor de «Me voy pa'l pueblo» y coautor de «Convergencia». El tercer músico, es Orlando Collazo, el cantante de La Charanga de Neno González. El cuarto músico, es el maestro Osvaldo Rodríguez, cantautor y guitarrista cubano, considerado uno de los grandes renovadores del bolero y de la canción de amor. Fundador del Cuarteto Voces del Trópico que después se convirtió en el legendario grupo rockero Los 504.

(lomo) SI TE CONTARA. CUATRO REPORTAJES CON MÚSICOS CUBANOS — Jairo Grijalba Ruiz

Jairo Grijalba Ruiz

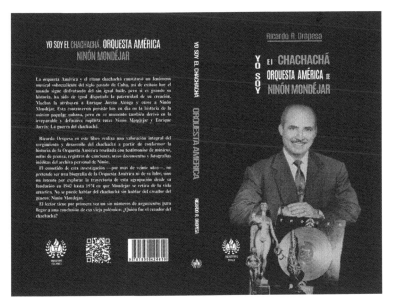

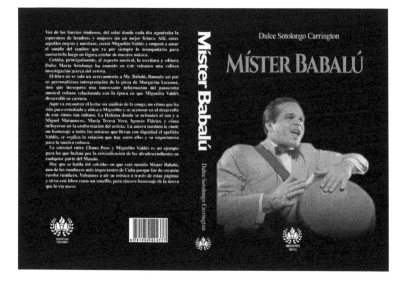

Book cover 1

NARCISO RAMÓN ALFONSO GÓMEZ

CLAVELITO

EL HOMBRE DETRÁS DEL MITO

¿Cree usted en los Milagros? ¿Cree usted en el poder de la mente?, ha logrado mantener la fe en estos tiempos difíciles. Primero tome un vaso con agua y póngalo en el lugar más elevado de su casa y ponga su pensamiento en Clavelito, antes de comenzar a leer este apasionante libro. Es él, Miguel Alfonso Pozo, quien regresa, después de cuarenta y cinco años de haber abandonado este mundo físicamente, porque en espíritu, se quedó en el imaginario de un pueblo que nunca lo olvidó y como compositor de música campesina ocupa un lugar privilegiado en el patrimonio cultural cubano. Afirmó: «soy el cronómetro de la humanidad, para mí no hay pasado, presente ni futuro, yo soy el tiempo», Clavelito les va a contar su vida, el por qué tuvo tantos seguidores y les va ofrecer consejos muy valiosos para la salud mental.

Solo pidió un sombrero de guano, una bandera y un son para bailar, aunque no lo sepamos, casi todos los cubanos hemos escuchado su música, «El caballo y la montura», «El Rinconcito», «Chupando caña», entre otras, ya sea en la voz del Benny Moré; Celina González, la Reina de la música campesina; Pototo y Filomeno; Abelardo Barroso; Cascarita con La Casino de la Playa, las voces que interpretaron sus canciones acompañados de la gran Sonora Matancera como la de Bienvenido Granda y la orquesta Sensación, entre otras. Clavelito derrocha a través de sus composiciones cubanía por el mundo, en sus letras está la vida del guajiro, la flora y fauna de los campos cubanos, la belleza de nuestras mujeres. Como se anuncia en «Oye mi Olelolé», tema que tanto hemos escuchado en el programa de televisión Palmas y cañas.

Homenaje muy merecido es esta publicación, con un testimonio de primera mano, nos devuelve a aquel que a decir de Germán Pinelli: «Cuando se hable de la historia de la radio en Cuba, hay que hablar de Clavelito, como nadie supo integrar su arte y carisma al entretenimiento radial».

(texto vertical del lomo) CLAVELITO · EL HOMBRE DETRÁS DEL MITO · NARCISO RAMÓN ALFONSO GÓMEZ

Book cover 2

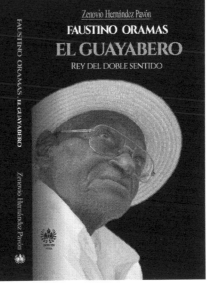

Zenovio Hernández Pavón

FAUSTINO ORAMAS

EL GUAYABERO

REY DEL DOBLE SENTIDO

El autor nos entrega una semblanza biográfica de este singular hombre en un libro donde podremos hallar esencialmente, en cuerpo y espíritu, los derroteros de un músico popular excepcional.
Faustino Oramas, El Guayabero, suma la picardía al decir de la trova. Picardía que no es sinónimo de bajeza o fraudulencia sino audacia e inteligencia para sacar el mejor provecho de situaciones adversas. Hay que decir que pocos autores de la música popular han tenido, como Faustino Oramas, la facilidad de recursos, la gracia y la imaginación para el manejo de situaciones pícaras, con lenguaje simple pero debidamente escogido de modo que provoque la chispa de humor sin grosería.

– – – – – – – – – – – – – – – – – –

«Casi nadie lo conoce por su verdadero nombre. Sin embargo, cuando se habla de El Guayabero viene a la mente de todos los cubanos su peculiar estampa y el criollísimo humor de sus canciones.
Faustino Oramas es por ello, tal vez, el último representante de aquella generación de soneros que vivieron de la música y para la música, y supieron transmitir a su obra la idiosincrasia del cubano, que siempre se reconoce en las canciones de este juglar oriental».

Leonardo Padura

«El Guayabero es un genio popular cuyas características, muy especiales dentro de la música popular cubana, no pueden clasificarse en una tendencia determinada. Creo que, desgraciadamente, no habrá otro como él».

Pablo Milanés

«Él es un tresero popular de tumbaos, que utiliza un diseño melódico rítmico muy reiterado, en cuya célula más elemental radica el sabor cubano».

Pancho Amat

(texto vertical del lomo) FAUSTINO ORAMAS · EL GUAYABERO · Zenovio Hernández Pavón

www.unosotrosediciones.com

infoeditorialunosotros@gmail.com

UnosOtrosEdiciones

Siguenos en Facebook, Twitter e Instagram:

www.unosotrosediciones.com

Made in the USA
Middletown, DE
14 June 2023